日本を喰う中国

「蝕む国」から身を守るための抗中論

藤井 聡

ワニブックス
|PLUS|新書

はじめに～岸田内閣は「蝕む中国」から日本を守れるのか？～

令和3年9月29日、自由民主党の総裁選で岸田文雄氏が総裁に選出され、第100代総理大臣となった。

岸田氏は、自民党の「保守本流」を自認し、令和版の「所得倍増」計画をとおして、かつて日本が昭和時代に作り上げてきた「分厚い中間層」の再構築を目指すと主張した。

これは平成期の小泉政権以降の歴代政権が繰り返してきた「新自由主義」改革によって、下流社会化が進み経済が衰弱し続けてきたことに対する反省を踏まえたものだった。

こうした内政と平行して岸田内閣が打ち出したのが、「自由で開かれたインド太平洋」と「経済安全保障」という外交方針だった。

「自由で開かれたインド太平洋」とは、煎じ詰めて言うなら日本を守るための「中国封じ込め」戦略だ。

中国は今、その勢力を急激に膨張させ、インド、台湾、日本といった近隣諸国の安全保障を脅かし始めている。インドとは中印国境での武力衝突を勃発させ、台湾に対してはあからさまな軍事的圧力を高めると同時に、南シナ海の島々に進出し我が物顔で軍事基地整備を始めた。そして我が国日本に対しても尖閣諸島の侵略に向けた圧力を日々高め続けている。

つまり中国は今、周辺諸国の自由を蝕み、周辺海域の航行の自由を蝕み続けているのであり、これに対抗するため、関係諸国と連携しつつ中国を封じ込めようとするのが「自由で開かれたインド太平洋」路線なのだ。

一方、「経済安全保障」は諸外国からの経済的「収奪」「侵略」に対抗しようとするものだが、そのメインのターゲットもまた中国だ。

今や中国は日本中を直接、蝕み始めている。

北海道のニセコや京都、箱根といった日本を代表する観光地の土地や不動産の買収は昨今徐々に知られるようになってきているが、都心エリアの土地・不動産の買収も今日急速に加速している。そして何より、富士通、NEC、東芝、パイオニア、レナウンといった一流日本企業が次々と中国企業によって買収され続けている。

岸田内閣の「経済安全保障」方針は、こうした中国から日本経済を「守る」ために、外交的な努力も図りながら、各種の制度の整備、規制の強化を推進せんとするものだ。

こうした岸田内閣の外交方針は、専任として歴代最長の外務大臣経験を持つ岸田文雄総理が、外務大臣在任期間中に数多くの情報に触れ、中国の「危険性」を深く理解していることの裏返しに他ならない。そうした危機感があるからこそ、岸田総理は日本経済を立て直すと同時に、明確に中国を主要ターゲットに据えた対抗的な「抗中」路線を打ち出したのである。

そして今や、一般の日本人もまた、中国の危険性に徐々に気付き始めている。たとえば今般の総裁選で最有力候補でありながら敗れ去った河野太郎氏が急速に支持を失っていった背景には、彼のこれまでの「親中」的言動が選挙期間中に次々と明るみになっていったことがある。それと同時に、いわゆる「岸田・高市」連合が同総裁選で勝利した背景にも、両候補が抗中的姿勢を打ち出していたことが大きな要因の一つとなっている。

本書はまさにこの問題を取り上げ、多くの日本人が知らない、中国が日本を「蝕んでいる」という深刻な実態を明らかにするものである。

本書を読めば、（日中の外交ラインを一部確保し続けることは一方で重要であるのは当然としても）今回の総裁選時にあぶり出されたような過度に親中的に振る舞う政治家達の深刻な「危険性」と同時に、今日の総理や与党政調会長が鮮明にしている中国に抗う「抗中」姿勢の必然性を、しっかりと理解頂けることとなろう。


本書はこうした思いの下、一人でも多くの国民に読了頂きたいと祈念しつつ出版するものである。今の日本を守り続けるには、より多くの国民に、中国が日本を激しく「蝕み」つつある今日の深刻な実態を理解いただくことをとおして、日本政府の中国への態度の適不適を常時、監視し続けていく緊張感ある世論を持続させていかなければならない。ついては本書の読者お一人お一人に是非、そうした政府の外交戦略についての「監視の目」を持って頂きたいと祈念している。

そうして日本の中国やアメリカ等の諸外国に対する「不服従」の気風が拡充していくことができてはじめて、日本の「真の独立自尊」への道が朧気に浮かび上がることになる。未だ真の自立国家とは言い難いこの日本の現状では、こうした草の根の認識改革を積み重ねていくことでしか、未来への展望は生まれ得ないのである。

令和3年10月16日　小倉にて

目次

第1章 蝕まれる世界――恐るべき中国の新帝国主義

G7が中国と徹底的に敵対する方針を打ち出した

2021年6月中旬、主要先進7カ国の首脳陣が集まるG7サミットがイギリス・コーンウォールにて開催された。その最終日に出されたG7首脳宣言は、これまでの長いG7の歴史の中でも、歴史的に決定的に重要な内容が纏められた。

それは、アメリカ、イギリス、フランス、ドイツ、イタリア、カナダ、そして日本のG7諸国がこれから、「中国」に対して徹底的に対峙し、対抗していくのだという姿勢を鮮明にするものだった。

中国の香港、ウイグルに対する姿勢を深刻な人権問題であると徹底的に批判し、東シナ海、南シナ海、そして、台湾に対して軍事的に圧力をかけ続ける行為を激しく非難した。そして、中国が進める一帯一路構想に伴う周辺各国に対する投資を通した支配的外交に対抗すべく、もうこれ以上中国が膨張しないように、中国の代わりにG7各国が協調して投資を進める「インフラ新構想」を打ち出した。

すなわちそれは、主要先進国が「中国封じ込め」に向けた決意を改めて高らかに打ち出す内容なのであった。

そしてアメリカのバイデン大統領は、この首脳宣言について、「民主主義と世界中の独裁政府との闘争だ」と明言し、このG7の直後に行われたNATO（北大西洋条約機構）の会合で、「中国の野心的で強硬な振る舞いは、ルールに基づく国際秩序や同盟国の安全保障に構造的な挑戦をもたらす」と発言した。

これらのG7の声明や発言の中でも特に重要だったのは、台湾問題についてG7の共同宣言の中で初めて公式に取り上げたという点だ。

台湾は中国にして見れば自国の領土であり、中国が台湾に対して仮に軍事的に侵攻することがあったとしても単なる内政問題であるという立場を強硬に主張し続けている。だから、G7各国は中国との関係が破綻しないように配慮して、台湾問題を言明することだけは回避してきたのであった。

だからこそ、今回G7が正式に台湾問題について中国を非難したことを受けて、中国側が「米国は病気だ。病は軽くない」と、米国を激しく侮辱する形で猛烈に反発したのも、半ば必然的な帰結であった。

これまでのG7では、中国には警戒すべき点は多々あるものの、是々非々の態度で戦略的な互恵関係を取り結んでいこうという態度が一般的であり、台湾問題に限らずここまで激しく敵対化するような内容が共同の声明に盛り込まれることは基本的に回避されてきていたのであり、だからこそそれは画期的な歴史的大転換と位置づけられるのである。

こうした大転換をG7が図ることを決意したのには、中国のめざましい躍進と、それを背景として、中国がまさに今G7が中心として作り上げてきた国際秩序を「蝕み」つつあるという状況認識があった。

その最大の直接的契機が、首脳宣言で批判した香港問題であり台湾問題であった。

ただし、こうした諸問題のさらに背後にある、より深刻な問題として、アメリカを中心としたG7各国が警戒しているのが、中国の恐るべき「経済膨張」であった。

アメリカ経済を脅かし始めた2010年代後半の中国

ここで図1をご覧いただきたい。

図1　日・米・中のＧＤＰの推移(単位:100億ドル)

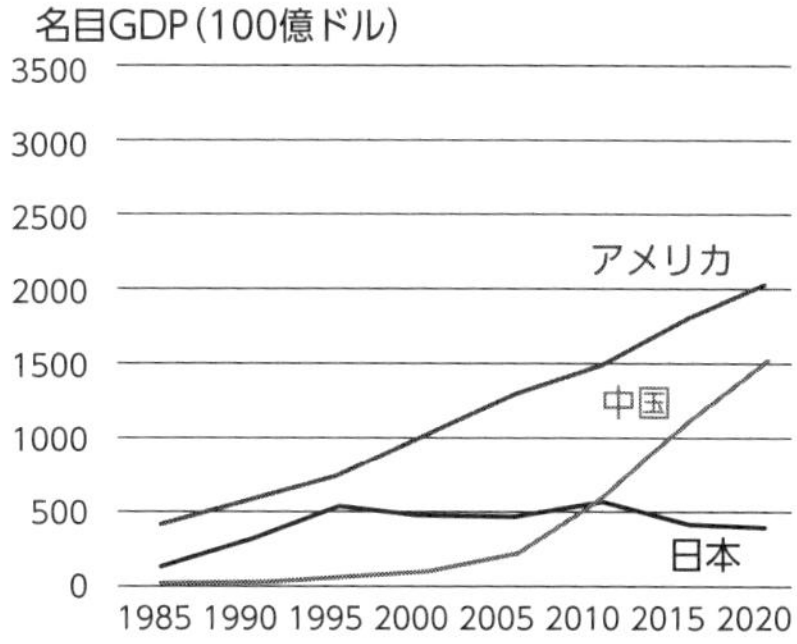

※　実績値データ出典:2020年世界の統計「第3章国民経済計算」

これは１９８５年～２０２０年にかけての日本、アメリカ、そして中国のＧＤＰの推移だ。ご覧のように、１９９０年代までは中国は経済大国と呼べる勢いは全く無く、経済については世界１位のアメリカと世界２位の日本の「独壇場」と言い得る状況にあった。

だから当時アメリカは、中国経済を「脅威」とは全く認識していなかった。むしろ、十数億人という膨大な人口を抱えた中国は、アメリカ企業の商品を売り飛ばす格好のマーケットになり得るだろうと、軽く考えていた。だから、中国を何とか自由化し、資本主義化して、貿易相手国に仕立て上げることができれば、それはアメリカの国益になるだろうと素朴に考えていた。

そうした「楽観論」は、オバマ政権期まで保持され続けた。

とりわけオバマ大統領は、中国を重要な「パートナー」と位置づけ、両国の関係を「戦略的互恵関係」（互いに警戒し合う一定の緊張関係を持ちながらも、互いが利益を得るような関係）と呼称すらしていた。

もちろん、オバマ政権が始まる２００９年は、このグラフを見てもわかるようにまだ日本の方がＧＤＰが大きく、中国の経済規模は確かに米国を脅かす程のものではなかったため、アメリカが中国についての楽観論に基づいて対中戦略を組み立てていたのは、半ば致し方ないとも言えるものであったとも言える。

ただし、オバマ政権が終わりを告げた２０１７年には、政権発足から僅か8年しか経っていなかったにもかかわらず、状況は一変していたのである。２０００年代後半頃から、中国はそれまでとは打って変わってめざましい発展を遂げていた。

２０１０年には日本を一気に抜き去り、アメリカにどんどん迫っていく状況となった。そして、オバマ大統領が退任する２０１７年には、中国経済はアメリカ経済の実に7割を超える水準にまで達していた。

かくしてオバマ大統領の後任のトランプ大統領が２０１７年に誕生して以来、アメリカは中国と対抗・対立する態度を鮮明に打ち出すようになった。こうした米国の方針転換には、アメリカファーストを鮮明に打ち出したトランプ氏の「個人的資質」も一定程度関係しているとはもちろん言えるだろうと思う。

しかし、大統領がトランプ氏であろうがなかろうが、ワシントンが客観的なデータに基づく冷静な状況判断をしている限り、中国に対して敵対的な態度を明確化することは、この時点では必然であったとも言えるのである。その証拠に、トランプ氏の後任の現在のバイデン大統領は、中国に対して融和的姿勢を見せていた時代のオバマ政権期の副大統領であり、むしろ中国との融和的外交を推進していた張本人であったにもかかわらず、今日、中国に対して敵対的姿勢を打ち出しているのである。

いずれにせよ、オバマ政権からトランプ政権へと移行した２０１０年代後半頃には、米中関係における「米中新冷戦」的側面が鮮明となり、アメリカにとっての旧冷戦の相手国であったソビエトに次ぐ二番目の冷戦の敵対国として中国が明確に認識されるようになったのである。

２０３０年前後に中国はアメリカをＧＤＰで抜き去る

この状況下で中国は、「中国製造２０２５」というビジョンを打ち出す。これは、習近平国家主席が２０１５年に発表した、製造業の高度化プランだ。

この中で謳われたのが、次世代通信規格「５Ｇ」で世界市場40％を目指すという目標であった。同時に、機械、ロボット、航空、宇宙、船舶・鉄道、省エネ、電力、医薬等を飛躍的に発展させることも明記された。

米政府はこの中身を精査し、そして、中国は明確にアメリカの経済的覇権を脅かす存在となると確信するに至る。

そしてその確信をさらに強固なものとしたのが、アメリカのＧＤＰ成長率よりも、中国のＧＤＰ成長率が凌駕している状況が継続しているという現実であった。このままの状況が続けば、アメリカのＧＤＰは中国に追い抜かれるであろうことは確実であると予

図2　日・米・中のGDPの「予想」推移

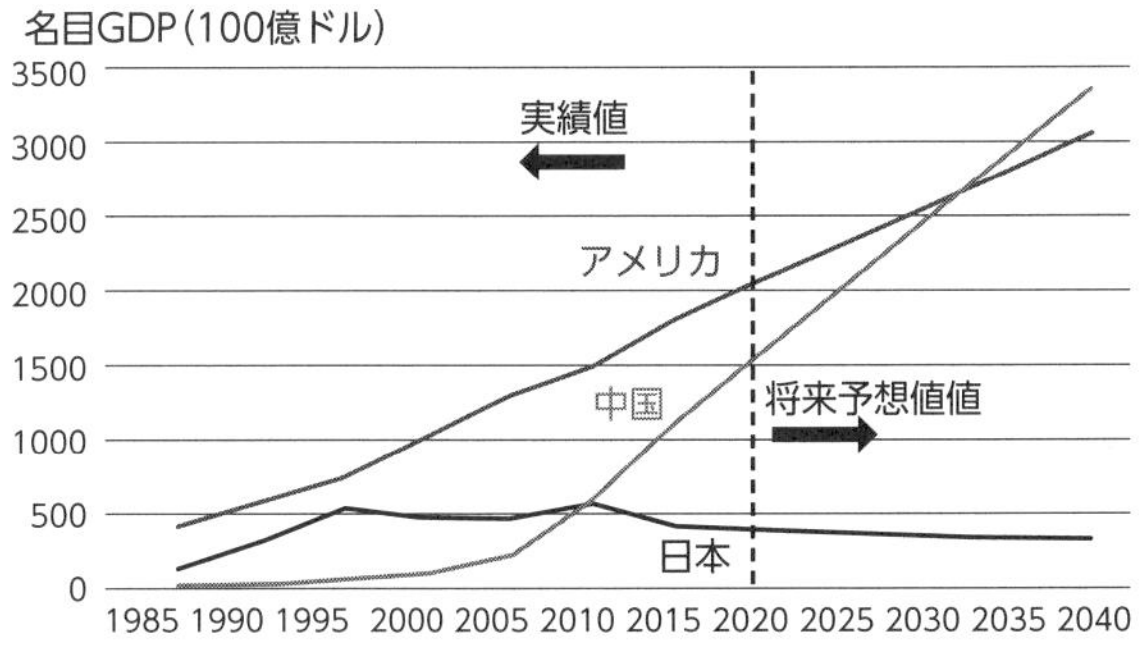

※　実績値データ出典：2020年世界の統計「第3章国民経済計算」
※　2020年以降は2005～2015年の成長率が継続すると仮定して推計

想されたのであった。

図2は、2020年までの実績値をベースに、2040年までの日米中のGDP推移を予測したものだ。

ご覧のように、アメリカと中国は勢いよく成長していくであろうことが予期されている。しかし、アメリカよりも中国の方が、成長率が大きく、2030年代前半に両者の立場が「逆転」することが見込まれるのである。

なお、この予測は「コロナ禍」が来る前の時点のデータを用いたものであるが、コロナ禍によって中国はさして大きな打撃を受けなかった一方、米国は大きな経済的打撃を受けている。

この状況を踏まえて改めて推計すれば、この予想よりもより早く、米中のGDPが逆転することとなると予期される。実際、イギリスのシンクタンク「経済ビジネス・リサーチ・センター」（CEBR）は中国が2028年までに、アメリカを抜き去るとの報告書を発表している。

つまりこのままではアメリカは、世界最大の経済大国という地位を、中国に早晩明け渡すであろうことは避けられない状況に今、至っているのである。

アメリカは日本と同じように中国を叩き落とそうとしている

こうなった時、アメリカは確実に自らの地位を守るべく徹底的にその国を叩き潰す方向に舵を切る。

その先例が我が国日本だ。

1990年頃まで、日本は高度成長とバブル景気で、飛躍的に成長していた。その結果、図1に示したように、1990年代後半には、米国経済の7割程度の規模に達していた。そして、その時点での成長率は、日本が米国のそれを凌駕しており、このままの勢いで推移すれば、早晩日本経済がアメリカ経済を追い抜くことも十分に考えられる状況に至っていた。

その状況は、現状の米中関係に酷似するものであった。

しかしこの時点でアメリカは、徹底的に日本に対して「経済」の視点から敵対的に振る舞うようになる。日米構造協議等、日本国内に様々な「改革」を迫り、CIAを始めとした様々な国家機関が日本経済の足腰の弱体化を狙った「日本経済封じ込め戦略」とも言いうるオペレーションを繰り返した（詳細は拙著『コンプライアンスが日本を潰す』をご参照願いたい）。

幸いにも日本はそれにもかかわらず成長し続けたのだが、1997年、アメリカが必ずしも意図していなかった「消費増税」という「オウンゴール」を決めてしまい、それをきっかけにデフレ経済に突入し、その後鳴かず飛ばずの状況となり、今日に至るまでズブズブと低迷し続けることになったのであった。ただし今日の激しい日本経済低迷には、アメリカが仕掛けた日本経済封じ込めに向けた様々な改革が深刻な悪影響をもたらし続けていることは間違いない。

アメリカはまさに今、こうして日本を叩き落としたような対策を、中国に対して仕掛けようとしているのである。

ただし、我が国日本は、アメリカによって第二次世界大戦で打ち負かされ、占領されており、今日でもなお「アメリカの保護領」のような扱いを受けている。したがって、日本に対しては圧倒的に強力な影響力を発揮することが可能である一方で、中国に対してはそこまで強力な影響力を発揮することはできないというのが現実である。

そのためアメリカは、日本に対しては単独でその経済力弱体化を図ったのだが、中国に対しては「各国と協調」しながら対峙する方針を採用するに至ったのである。

そこでアメリカが活用することにしたのがG7という枠組みであった。そして香港問題で中国に煮え湯を飲まされた英国と連携し、各国の様々な思惑も踏まえつつG7の共同声明という形で中国との対決を明確化する姿勢を打ち出したのである。

G7は中国の「新帝国主義」の席巻を恐れている

もしも中国がどれだけ大国化しようが、アメリカを始めとした西側諸国の国益を損ねないのなら、アメリカもG7ももちろん、今回のように中国に敵対的な姿勢を鮮明に打ち出すことなどなかったに違いない。

しかし、中国は明らかに西側諸国の国益を毀損し続ける存在なのである。

半ば「侵略」とも言いうる方法で香港を中国共産党の支配下に置いた香港問題、沿線の発展途上国に無理な貸付を通して破綻させ、自らの支配下においていく一帯一路構想、「ジェノサイドは行ってはならない」という当然の国際ルールを平然と蹂躙するチベット問題とウイグル問題、世界各国の船舶の自由な航行を妨げる領土的軍事拡張を続ける南シナ海問題、米国・日本の安全保障体制の安定化にとって必須な台湾、ならびに尖閣諸島に対する侵略的な軍事戦略問題は、いずれも西側諸国の「核心的利益」（絶対に譲ることのできない利益）を大きく傷付けるものである。

そして言うまでもなく、中国経済の発展と共に巨大化するファーウェイ（華為技術）

を始めとした中国企業が、世界中の各種マーケットにおけるシェアを拡大し続けることは、西側諸国の企業の不利益を意味している。

しかも、中国企業はいずれも西側諸国の企業と違い、何らかの形で中国共産党の息がかかった存在であり、何らかのスパイ行為や破壊行為を常時行っているリスクが常に危惧されている。

仮に平時においてそうした行為を行っていない中国企業であっても、中国の国内法（国家動員法）で、中国人は「有事」の場合には中国共産党の命令に従う義務を負うことになっており、米中対立が顕在化し、何らかの有事が起こった場合、日本やアメリカを含めた世界中の国々で、どんな「破壊工作」を仕掛けられるのかわかったものではない。

その意味において、中国企業の世界進出は、それだけで、世界各国にとっての脅威なのである。

ロシアでさえ国際秩序の「タテマエ」は守る

ところで、こうした香港問題、台湾問題、尖閣諸島問題、チベット問題、ウイグル問題、ファーウェイ等の中国企業進出問題はいずれも、いわゆる西側諸国においては生じ得ない問題ばかりである。なぜなら西側諸国は、この生き馬の目を抜くような国際社会においても、裏でどれだけ「汚い」こと、「反社会的」な脱法行為をやっていたとしても、一応「タテマエ」の上では国際的に共有された国際法を守り、国際秩序を乱さないように配慮する、という体裁を取っている。ゆえにあからさまな侵略行為である香港問題や台湾問題や、あからさまな人権侵害であるチベット・ウイグル問題などは起こさないのである。

そして西側諸国が、「裏の仕事」はさておき一応「タテマエ」ではあからさまな脱法行為はやっていないという体裁を保っているからこそ、国際社会は一定程度の秩序が僅かなりとも首の皮一枚とも言うべき水準でギリギリ保たれているところがあるのである。

たとえば、中国と同様に横暴な権威主義国家の代表的国家と言われるロシアですら、クリミア併合の時には、一応タテマエの上では「住民投票」を行い、その併合を「民主主義」の観点から正当化させている。これは、チベットやウイグル、さらには南シナ海で民主主義プロセスの「タテマエ」など全て無視した上で暴力的に事を進めた中国と対照的と言える。つまり、あの権威主義国家・ロシアも、最後の最後のところでギリギリタテマエを守りながら、国際社会の中で振る舞っているのである。

権威主義国家ロシアが、なぜ、そうした「タテマエ」を一応は守るのかといえば、その出自が、そうした国際秩序を産み出したヨーロッパだったからだと言えよう。すなわち、現下の国際秩序は、「国民国家」というシステムと近代的な（国際）法システムというヨーロッパが産み出した構成物によって保たれているのである。

一方で、西側諸国以外のいわゆる「第三世界」は、そういうシステムが十分に成立しておらず、西側諸国が作り上げたそうした制度において「適切」に振る舞うことは必ずしもできない。

しかしこれまでは、経済的にも軍事的にも外交的にも、そうした第三世界の国々は弱小国家に過ぎず、西側諸国が経済力や軍事力や外交力でもって押さえつけ、自分達が作り上げてきた秩序に、それら弱小国家達を従えさせることが可能であった。

　ところが中国は西側諸国の国際システムの仕組みを知らずわきまえない、いわゆる「無礼」な「第三世界」の国であるにもかかわらず、ここ10年15年の間に驚くべき力を急速に身に付けアメリカの存在を脅かす程の経済超大国に成りおおせたのである。そして、第三世界出身の国家として、半ば必然的に、欧米が何百年という時間をかけて作り上げた国際秩序を根底から破壊するかのような横暴な振る舞いを始めたのである。

　だからこそ中国は、北朝鮮やロシアと同様、西側の自由民主主義陣営の諸国の秩序を脅かす、「権威主義」国家だと見なされているのである。とりわけ中国の権威主義は、あからさまな軍事的侵略と植民地政策を展開するものではないが、それに準ずる振る舞いを国際社会に仕掛け続け、様々な国々から不当に利益を搾取するものであることから「新帝国主義」と呼称されることもしばしばである。

　そして今、Ｇ7を中心とした西側諸国は、こうした中国の「新帝国主義」に基づく各種の横暴を押さえつけようと、ようやくその重い腰を上げ、動き出したのである。その象徴こそ、２０２１年のコーンウォールサミットのＧ7首脳宣言だったのであり、それは歴史的に考えて極めて必然的な流れだったのである。

日米欧の没落と中国とインドの勃興の「歴史的必然性」

ただ、すでに中国の勢いは、G7の力でどうにかできる水準を遙かに超過している、と言うのが現実だ。

たとえば、今回G7の首脳宣言が対中色を前面に押し出すものとなったのだが、直前までそれができない可能性が危惧されていた。G7の中でもドイツ、イタリアは中国からの様々な投資が進められ、中国、というよりチャイナマネーは、それぞれの経済を維持していくにあたって大切な存在となっていたからである。今回は、ドイツ、イタリアが、そうした短期的な目先のチャイナマネーよりも、アメリカを中心としたG7の結束を重視したのであるが、G7が始まる前は、そうならない可能性が十分に危惧されていたのである。

逆に言うなら、今回のG7の対中国路線は必ずしも一枚岩ではなく、今後の対中冷戦

図3　世界の主要国の西暦元年から2050年までのGDPシェアの実績推計値と将来予測値

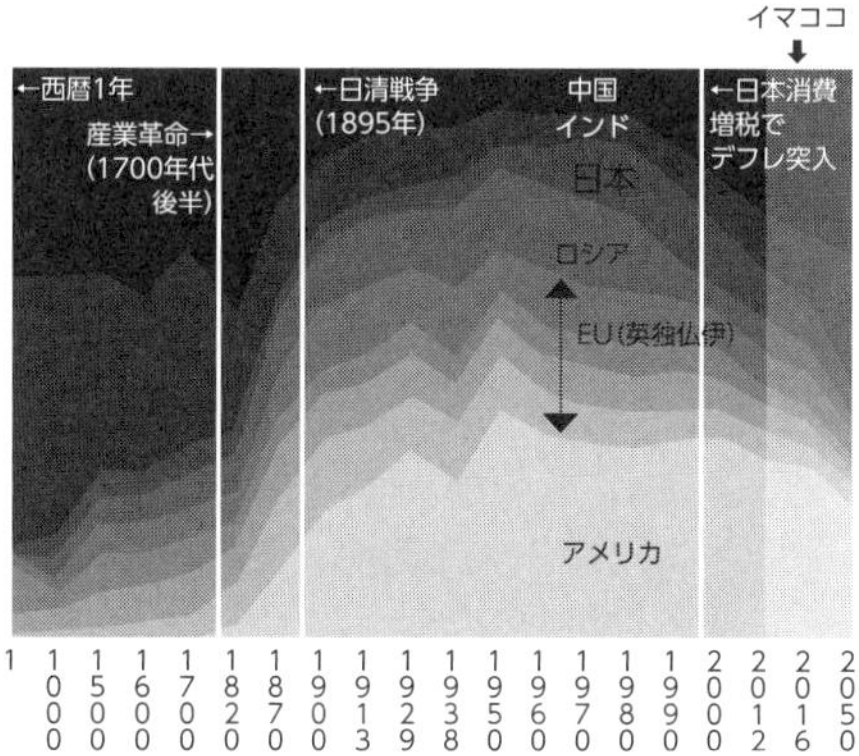

出典：Karthink Narayanaswami:BRIC Economies & Foreign Policy

においてG7側が必ずしも優位に立てるとは限らないのである。とりわけ、豊富なチャイナマネーを活用すれば、ドイツ、イタリアを中心に切り崩し、親中的に振る舞わせることも可能なのである。というよりむしろ、我が国日本が、G7を裏切り、中国に助け船を出してしまう可能性すら危惧されるのである。そのあたりについては、また後ほど詳しく指摘することとしたいが、ここではまず、図3をご覧頂きたい。

これは、「BRIC Economic & Foreign Policy」に掲載された論文で発表された、主要各国の西暦元年から現在までのGDPシェアの推計値、そして、現在から205

0年までのGDPシェアの予測値を示したものだ。

ご覧のように、西暦元年から産業革命が起こった18世紀後半まで、中国とインドが、併せて7割〜8割程度ものシェアを誇っていた。一方で、近代現代においてGDPの大半を占めていた日米欧の各国は、1〜2割程度のシェアしかなかった。つまり、欧州で産業革命が起こる前近代までは、中国とインドこそが先進的な超大国であり、日米欧は単なる小国群に過ぎなかったのである。

ところがその中印の支配的状況は、欧州で起こった産業革命を皮切りに一変していく。それ以後、圧倒的な生産力を誇る機械文明を手に入れた欧州が、アメリカ、日本を引き入れながらどんどん発展していったのである。そして今から20年程前の20世紀後半時点では、日米欧はGDPの9割以上を占めるに至ったのである。その頃の中国とインドは、双方併せて1割以下の小さな経済小国にまで転落してしまったのである。

しかし、21世紀に入って程なくしてから、中国が急速に膨張していく状況となる。そして、今日ではアメリカに次ぐ第二の経済大国となったのであり、今後、さらにこの勢いの下、21世紀中盤に向けて世界最大の経済大国となり、GDPシェアが全世界の3割程度にまで拡大し続けると予想されている。同時にインドもこれから徐々に拡大していき、同じく21世紀中盤には、中国に次ぐ第二の経済大国となると見込まれている。

一方で、この中印の成長・膨張の影で日米欧は急速に没落していき、21世紀中盤には、中印と日米欧の経済パワーバランスは、「逆転」するであろうと見込まれている。

そもそも１７００年以上にわたる前近代において覇権的な地位を占めていた中印が、欧州における産業革命によって一時的に約３００年の間、その覇権的地位を日米欧に譲り渡していた一方、その産業革命の効力が切れ始めた21世紀中盤頃から、再び覇権的地位の座に復活する、と予期されているわけである。

こう考えれば、我々が常識のように捉えていた「日米欧が先進国で、中印は後進国」というイメージは、２０００年の長い歴史の中で考えればむしろ特殊な例外的状況だったわけである。そして今、中国、そしてその後にインドが勢いよく拡大していく状況こそが、一般的平均的な姿であったと捉えることもできるのである。

Ｇ７は、こうした「歴史的必然」に抗いうることができるか否かを問われているのである。そしてこの度のＧ７首脳宣言は、この必然に対して抗ってみせるのだと明確に宣言するものとなっていたのである。

中国封じ込めはもはや「手遅れ」ではないか?～「香港問題」編～

では、そうしたG7の対中対抗策によって、そんな「歴史的必然」に抗い、中国をG7が思うように「封じ込める」ことができるのかというと、一つ一つ精査していけば、それぞれ極めて厳しい状況であるという実情が見えてくる。

すなわち、2021年にようやくG7首脳宣言を出したものの、「中国封じ込め」はもはや「手遅れ」である可能性が真剣に危惧されるのである。

まず、香港問題を考えてみよう。

そもそも英国が香港を中国に返還した時、香港自体は西側諸国に利益を供与できる政治体制を長期的に継続することを英中間で約束していた。ただしその約束は英中のみの約束というよりもむしろ、西側諸国と中国との間の約束を英国が代表して取り決めていたと言い得るものであった。それがあったからこそ香港は返還されたのであり、その約束を反故にすることが分かっていたのならば返還など永遠に実現しなかったのだ。

　にもかかわらず中国は、英国、ひいては西側諸国との約束を反故にして、香港の民主主義体制を完全に破壊した。そしてこれによって、西側諸国は金融センターとしての香港の都市機能を十分に活用することができなくなったのである。香港は領土的には中国国境の中国側にある土地であるとはいえ、これは事実上の政治的な「侵略」と相違ない。

　ここでもし、G7と中国とのパワーバランスにおいて、G7が凌駕している状況であったなら、おそらくは中国はG7側からの「制裁」を恐れてこうした侵略的行為はできなかったに違いない。しかし中国にしてみれば、アメリカやイギリスがどれだけの制裁を加えようとも、耐え忍びきることができると踏んで、香港を侵略的に支配下においたのだ。

　なぜなら、もはや中国はアメリカやイギリスのみに頼らずとも、中国国内にはかつては存在しなかった高額の所得者が増加しており、それなりの「内需」が存在していた状況に至っていたことに加え、世界中の様々な国々と多面的貿易関係を取り結んでいたことから、G7側からの制裁を凌ぎきることができたのである。というよりG7の内側ですら、イタリア、ドイツ、そして何より日本との貿易関係を豊富なチャイナマネーを使いながら持続させており、中国にとってG7恐るるに足らずという状況ができあがっていたのである。

中国封じ込めはもはや「手遅れ」ではないか？～「一帯一路による新帝国主義」編～

そして、中国が、様々な発展途上国に対する膨大なチャイナマネーを用いた「暴力的」な外交もまた、当該国のみならず西側諸国の利益を大きく損ねる帰結を導いており、これもまた、取り返しの付かない状況となりつつある。

今、世界中には、4300兆円とも言われるインフラ需要がある。つまり、発展途上国には先進国水準の道路も鉄道も港も水道も十分にはつくられておらず、彼等はそれを喉から手が出る程に欲しがっているのである。

中国はそうした途上国達の中でも、超長期的視野から、中国と欧州を陸路（一帯）と海路（一路）で接続する「一帯一路」構想に関連する諸外国をピックアップし、そうし

図4　中国の一帯一路構想

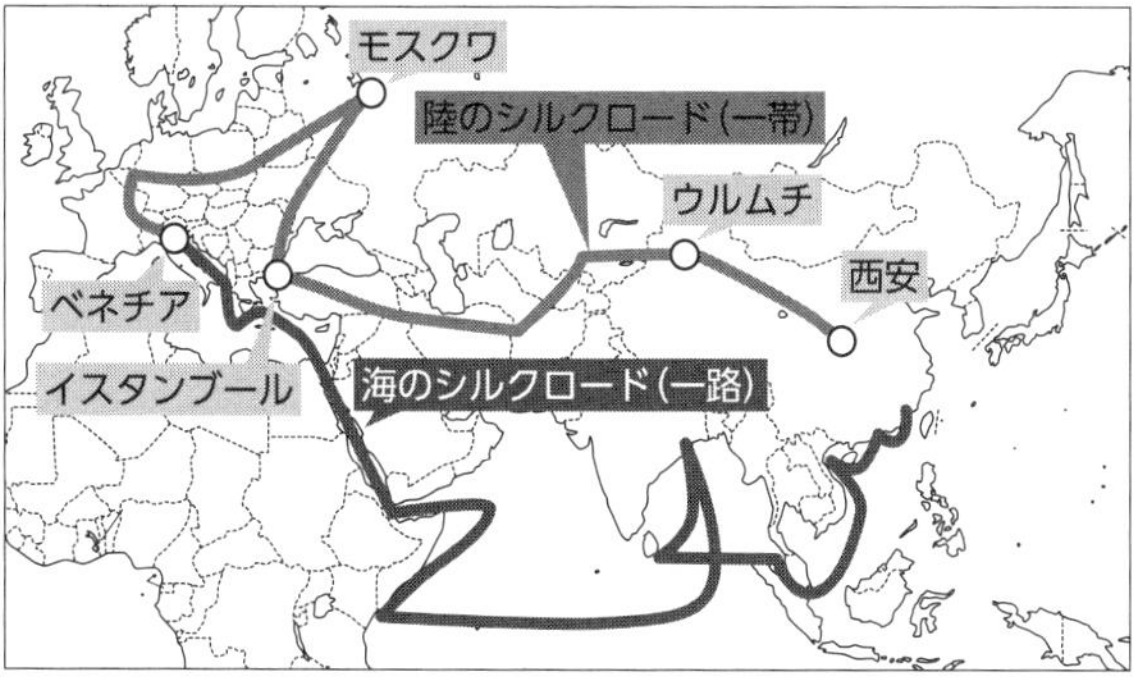

た国々の港や道路、鉄道などの交通インフラをつくるための資金を徹底的に「貸し付ける」ことを継続させてきている。

図4は、その一帯一路の「一帯」と「一路」の地図だ。

この一帯一路が通過する沿線国家数は約100カ国。その人口は世界人口の約6割、GDPについては世界全体の約3割のシェアを占めるという、超巨大な文字通り地球スケールのインフラ構想だ。

中国がこうした構想を打ち出したのは、長期的に欧州を中心としたユーラシア大陸全体を中国経済圏に組み込むことを企図してのものである。いわば、20世紀には軍事力で他国を支配下に置いていくことを通して経済的利益を「搾取」していくという「帝国主義」が世界を席巻したが、21世紀の今、中国はこの一帯一路構想を中心としたインフラの力と、強力なマネーの力の双方を上手く活用しながら、一定の「合法性」の下、外国から経済的利益を「搾取」していくことを企図しているのである。

つまりそれは、「新帝国主義」と呼ぶべき代物なのである。

もちろん、中国と欧州をつなぐという、ただそれだけでは、中国が欧州を飲み込むのか、その逆のことが起こるのかはわかりはしない。しかし、中国は欧州を取り込むことを意図し、そのために権威主義的に様々な国際ルールを破りつつ圧倒的なチャイナマネーの力を使うことを計画している。というよりも、インフラをつくるだけではなく、そういう運用を戦略的に考えることも含めた構想こそ、「一帯一路構想」なのだ。

だから、欧州側からの余程の抵抗がなければ、大なる可能性として、欧州経済圏が中国経済圏に組み込まれることとなるのは半ば必然なのである。

とはいえ、今回のG7の首脳宣言で明確に示したように、欧州は当面の間は中国に簡単に飲み込まれてしまうことを回避すべく、それなりの抵抗を見せるはずである。そして、そうした抵抗のための基礎的な体力もある程度は持ち合わせているとは言える。だからそう容易くは中国の経済的支配下に置かれる状況になるとは言い難いと、ある程度の期待はできる。

スリランカが中国の「植民地」になるまで

しかし、そうした基礎体力を持たない沿線の発展途上国はその限りではない。彼等は欧州よりもより容易く、中国経済圏に吸収されていくこととなるのは、半ば避けがたいのだ。そして事実中国は、次のような手口を使って、沿線諸国を、中国の事実上の「支配下」に置く体制をつくろうとしているのである。

まず中国は、沿線途上国が喉から手が出る程に欲しがっていたインフラをつくるためのカネを大量に貸し付け続ける。中国がそうして貸し付ける時には、途上国に対してもちろん「笑顔」を振りまく形でどんどん貸し付けていくわけだが、一定程度貸し付けた後に、その態度を一変させ、高圧的・暴力的な態度で「貸した金、返せ！」というプレッシャーをかけていくことになる。

そもそも中国は返済能力など度外視してカネを貸し付けているわけだから、容易に「財政破綻」を引き起こさせることが可能だ（このあたりが、G7側の貸し付けと全く異なる所だ。我々は決して破綻させることを目的とはしていないからだ）。

そうなれば、中国側が様々な政治的取引を、当該国と極めて有利に進めることが可能となる。たとえば、こうした手口を通して、中国からの借金が返済不能となったスリランカは、中国から借りたカネで整備したハンバントタ港の使用権を中国に99年間貸与するという契約を取り結ばされるに至っている。つまり中国はスリランカを植民地同然に扱うことに成功したのである。

こうした中国の「手口」を通して、中国にとって極めて「合理的」に、利益を得ることができるのだが、その利益の内容は以下の四点に改めて整理することができる。

第一に、そのインフラ事業を、自国中国の建設企業が受注するように調整することを通して、中国企業の発展を目指す。

第二に、そうしてできあがったインフラを、中国が構想した「一帯一路」を構成するインフラとして活用し、ユーラシアにおける中国経済圏の支配力の拡大を企図する。

第三に、それぞれの国に、大量の資金を貸し付けることを通して、当該の国に対する外交的影響力を拡大する。

そして最後に、スリランカの事例のように、相手国を半ば意図的に財政的に破綻させることを通して、当該のインフラを「接収」し、事実上の植民地化を達成する。つまり中国は莫大なチャイナマネーを使って、一帯一路の沿線諸国をどんどん中国経済圏の中に取り込み、あわよくば半植民地として搾取する体制を築き上げようとしているのである。

一方で、こうした中国の一帯一路を中心とした勢力拡大に歯止めをかけるべく、G7は各発展途上国に、中国ではなくG7諸国からの貸し付けでもってインフラ整備を促進することを企図した取り組みが今、検討されはじめた。

それが、この度のG7首脳宣言でぶち上げられた「インフラ新構想」である。

しかしすでに一帯一路構想による諸外国の事実上の植民地化政策によって、中国に取り込まれた国々が年々増加しつつあるのが実態であり、そんな中で、G7主導の「インフラ新構想」によって中国に移り始めた覇権的中心を、中国から再び取り戻すことは必ずしも容易だとは考えがたいところだ。つまり一帯一路で広がった中国の「新帝国主義」による覇権を弱体化させることについても、もはや「手遅れ」である公算は決して低くはないのである。

G7の対中対抗策はもはや「手遅れ」ではないか？〜台湾・尖閣問題〜

台湾は中国にとって、中華人民共和国建国以来の歴史を踏まえた上で、一貫して「一つの中国」と呼ばれる前提で台湾に対峙し続けている。つまり、香港を事実上、中国共産党の支配下においたように、台湾もまたいつの日か必ず中国共産党の支配下に置くという強い意志を持ち続けている。いわば台湾は中国にとって譲ることのできない「核心的利益」である。

これに対して、かつては「共産圏」、今日ではロシア、北朝鮮、それにイランを含めた「権威主義国家」陣営の「膨張」こそが、国益を毀損すると考えるアメリカが、中国については台湾海峡で確実に「封じ込める」ことが必須であると考えている。

　とりわけ今日の習近平国家主席は、

「中国の夢」

と称する、大国家戦略をぶち上げ、これを強力な意志でもって実現させると宣言している。そしてそのために、まるで「将棋の一手一手」を的確に打ち続けるように、様々な対策を日々展開し続けている。

　この「中国の夢」は、２０１２年に習近平が発表した中華人民共和国の思想であり、その骨子は、中国共産党結党１００周年にあたる２０２１年までに貧困を撲滅させ、中華人民共和国建国１００周年にあたる２０４９年までに「アヘン戦争以前」の大国の地位を取り戻すというものである。

　２０２１年の結党１００周年の式典で習近平は、「貧困を撲滅した」と主張しており（もちろん、それを字義通りに受け取って信じている関係者は皆無だろうが）、後は、２０４９年までに超大国の地位の確立が残されているという状況になっている。

　この後者の構想は、「かつて東は中国から西はローマ帝国に及ぶ広大なシルクロードを勢力下に置き、かつて鄭和（明代の宦官であり武将）の艦隊がアフリカの角にまで進出して文化や経済と科学技術をリードした中国の栄光を取り戻す」（中央日報、2018年1月11日）というもので、その根幹に一帯一路構想をおいているわけであるが、この構想の背景にあるのは、かつては超大国だったのにアヘン戦争によってその地位から転落してしまった、という歴史観だ。だから習近平は、「アヘン戦争以前」に拘っているのである。

そして、アヘン戦争以前には、台湾は清国（習近平は、これを「中国」と見なしているわけだ）の支配下にあったわけであり、したがって、「中国の夢」は台湾の再併合（つまり一つの中国の実現）を必然的に含んでいるのである。それは中国にとっては夢かも知れないが、台湾、そして、日本とアメリカにとってみれば悪夢以外の何ものでもない。

台湾は言うに及ばず、日本にとってみても、一つの中国の実現、中国の夢の実現は、必然的に尖閣諸島の侵略・略奪を意味するものだからである。そしてアメリカにとってみても、台湾の略奪は、中国による「海洋進出」という、アメリカの脅威に直接結び付く「太平洋侵略」の突破口となるからである。

そもそも中国共産党は、アメリカを「敵国」と見なしている。というのも、超大国アメリカが存在する限り、中国は様々な影響、ないしは制約を受けざるを得ないからである。別の言い方をするなら、大国、超大国と成りおおせた中国に本質的脅威を与えることができるのは、アメリカ一国に限られるのであるから、アメリカに対する軍事戦略は、中国の真の自立にとって必要不可欠なのである。

そうした点から、中国はアメリカに対する軍事戦略の視点から、図5に示した3つの「防衛ライン」を想定している。この防衛ラインはもともと「アメリカが中国を封じ込める」ために想定したものだったのだが、中国はそれを逆に、アメリカに対する「防衛ライン」と見なした軍事戦略を構想するに至ったのである。

第1列島線は、九州を起点に、沖縄、台湾、フィリピン、ボルネオ島にいたるラインである。これは中国にとってみれば、絶対的防衛ラインであり、ここを突破されることは中国本土が即座に侵略されると見なしているラインである。だから中国は、対米軍事戦略上、この第1列島線の確保を「中国の夢」の実現の前提とおいているのである。

そしてこの防衛ラインの中国にとっての「内側」に位置するのが、台湾であり尖閣諸

図5　中国が想定する3つの対米防衛ライン

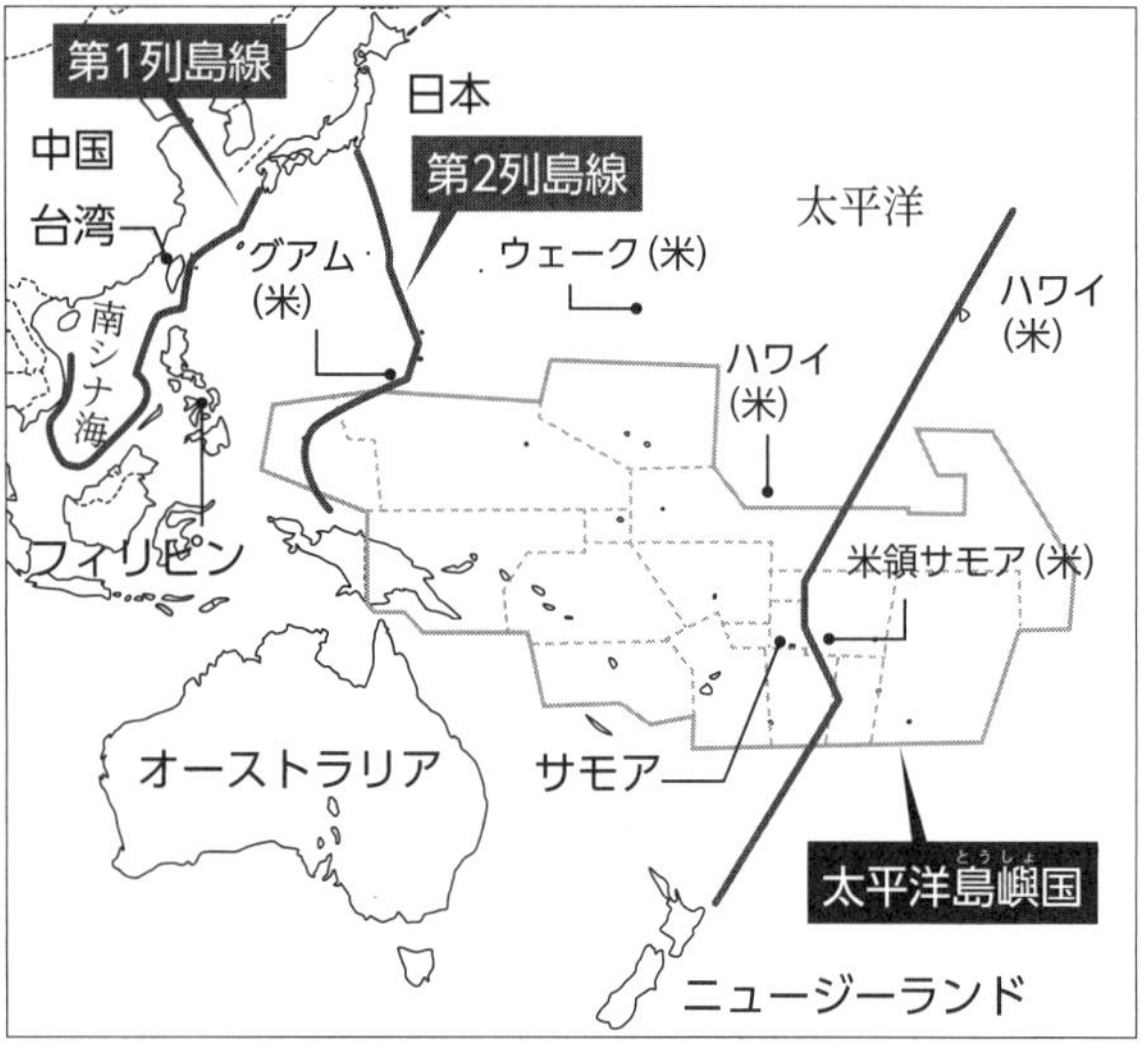

島であるから、中国にとって、これらを奪取することは、前提中の前提となっているのである。だから、日本や台湾、アメリカが抵抗し続けない限り、１００％間違いなく、中国は台湾・尖閣諸島に侵攻してくるのである。

一方、第２防衛ラインは、伊豆諸島を起点に、小笠原諸島、グアム・サイパン、パプアニューギニアに至るラインである。これは、「台湾有事」が生じた時に、中国海軍がアメリカ海軍の増援を阻止・妨害するためのラインと想定されたものである。

かつて太平洋の中国の防衛ラインはこの二つだけだったが、近年ではさらにアメリカに近いハワイ諸島からニュージーランドに至るラインを「第三防衛ライン」と見なし、アメリカの西太平洋への影響力を最小化しようと目論む動きが生じてきている。

言うまでもなく、中国がここまで太平洋の奥深くまでの軍事戦略を構想しはじめたということは、台湾奪取が全ての前提となっていることは明白だ。だからこうした中国の動きを認識しているアメリカは、台湾有事に備えて、沖縄の在日米軍を中心とした対策を練り続けているのである。

しかし、米軍が行う軍事シミュレーションは最近、アメリカにとって深刻な状況が訪れていることを示している。というのも米軍は、つい最近まで極東地域において中国軍に対して圧倒的優位を誇っていたのだが、今やそれが逆転しつつあることを、その軍事シミュレーションが示しているというのである。

そもそもアメリカは「世界の警察」を標榜し、その軍事費を世界中の米軍の維持増強に投入し続けてきた。ところが中国は自国周辺の限定したエリアにしか軍事的展開をする必要がなく、かつ、台湾は中国の最大の関心事となっている。だから昨今、急速に経済大国化し、その経済力の大きな部分を軍事費に差し向けている中国は今、極東に対してとりわけ途轍もない速度で軍事力増強を進めているのである。

そんな中で、2025年を想定した米軍の台湾周辺軍事シミュレーションが「米軍が中国に敗北するケースが常態化」する現状を明らかにする結果をたたき出した。

そしてこの事態を重く受け止めた米インド太平洋軍のフィリップ・デービッドソン司令官は2021年、遂に「今後6年以内に中国が台湾を侵攻する可能性」があると、危機感をあらわにする発言をするに至ったのである。つまり、米国側は、中国を台湾海峡で封じ込めることが今は困難となりつつあるのである。

軍事的な側面から考えてもやはり、中国の膨張を食い止めることは「手遅れ」になりつつあると考えざるを得ないのである。

世界を蝕む中国の新帝国主義

Ｇ７は確かに、その重い腰を上げ、権威主義国家、中国の新帝国主義の封じ込めに協調する姿勢をようやく鮮明にするに至った。しかし、世界の情勢を概観すれば、その対応は、遅きに失した感が否めない。香港はすでに取られ、取り返すことが事実上不可能な状況に至っている。ウイグルやチベットの人権問題についてどれだけ批難しようとも、中国は意に介さない態度を貫き通している。経済に関して言えば、ここまで勢いよく成長してしまった以上、それを封じ込める手立てはもはや、Ｇ７側にほとんどない。

さらには、そうした強大な経済力に裏打ちされた軍事膨張は、台湾海峡から噴出し、海洋進出を沖縄諸島、小笠原諸島、そしてハワイ諸島に至るまで影響を及ぼしかねない情勢に至っており、米軍も、それを封じ込めることが困難となりつつあるシミュレーション結果を公表するに至っている。つまり世界を蝕み始めた中国の新帝国主義を封じ込めることを企図して発出されたG7の首脳宣言は、どの点から考えても「手遅れ」と言わざるを得ない状況の中で発出されたものなのである。

誠に遺憾ではあるが封じ込めることができないのなら、後はその被害をどれだけ食い止められるかという、消極的なオペレーションしかできない状況に世界は今、直面しているのである。

そして――その世界を蝕み始めた中国の弊害を最も色濃く受けるのはどこなのかと言えばそれは、G7の中で唯一、中国と国境を隣接させ、直接的な領土問題を抱えている我が国日本なのである。中国のあまりに急速な発展故に、CIAやMI6等の諜報機関を抱えるG7の諸外国ですら、中国に対する対策が後手に回ってしまったわけだが、そんな諜報機関すら存在しない我が国では、文字通り冗談では済まされないほど、深刻な「浸食」を中国から受けるに至っているのが現実だ。

誠に残念極まりない状況であるが、我々の視点を世界から我が国日本に移し、日本がどれだけ中国によって人知れず蝕まれているのかを、確認してみることとしよう。

第2章　蝕まれる日本——買い叩かれる日本の資産

「コロナ禍」でも北海道の高級リゾート地を買い漁る中国人

世界がこれだけ中国に激しく「蝕まれている」以上、様々な文化的な資産と共に最先端の技術力を保持しており、かつ、飛行機で僅か数時間しか離れていない隣国・日本が、無傷で居られるはずなど、絶対ない。ついては、我が国日本がいかに中国に「蝕まれて」きているのか――、ここでは、昨今岸田内閣がにわかに打ち出した「経済安全保障」問題に直結する様々な具体的な事例を一つ一つ確認していくこととしたい。

そもそも我が国日本はもはや、中国の新帝国主義によって、様々な形で経済的に「侵略」されている。

例えばコロナ禍にあえぐ北海道。今やもう「インバウンド」の観光客は鳴りを潜め、かつてならどこに行っても目に入ってきた中国人の姿を見かけることがほとんど無くなった。が、それでなお、北海道では今、中国人らによる不動産投資が過熱している。

つまり北海道の土地が、中国人ら外国人に買い叩かれ、彼等によって開発され、そしてその物件が中国人らに売り飛ばされ続けているのである。つまり今、北海道の土地を活用しながら、中国人らが中国人らを対象としたビジネスを展開しているのである。

中でも特に激しく外国人に土地が買われてしまっているのが、ニセコエリアだ。このエリアは、世界有数の上質の雪がある一級のスキー場として知られており、海外資本による投資で15年ほど前から急激な開発が進められている。

このニセコエリアもご多分に漏れず、かつては、外国人観光客ばかりで、接客業の方々も「まずは英語で話しかける」のが常態だったようなエリアだったのだが、コロナ禍によって今や外国人観光客の姿はまばらとなっている。

しかし、それにもかかわらず、ここの物件は文字通り「飛ぶように」売れているという。その価格は、何倍にも高騰し今や数千万から10億円以上に達している。

ではなぜ、今、この土地を訪れもしない外国人達がその物件を買い続けているのかといえば、彼等が「コロナが収束したあとを見据えているから」だという。つまり、彼等は、長期的な展望に立ち、コロナが収束した後にこの地の物件を使ったビジネスを展開しようと考え、その先行投資として、このコロナ禍中に、北海道の物件を買い漁っているというわけである。

その結果、今や、ニセコエリアの倶知安町では町内の不動産所有者のおよそ4分の1が海外資本、つまり外国人のものとなっている。そしてその外資の中で、最大のシェアを誇るのが中国系資本で、その割合は実に約4割だ。つまり、ニセコの倶知安町の不動産の（4分の1の4割にあたる）約1割が、中国系の人々の手に渡っているのである。

ただし、この割合は、「購入者の国籍が中国系」である割合に過ぎず、これ以外にも、表向きにはインドネシアやシンガポールの法人だが「実際」には中国資本だという法人が多く存在する。そしてもちろん、表向きは日本法人だが実際には中国資本だという法人も多い。だから実際の資本関係を精査すれば、全不動産の2割や3割、あるいは、それ以上が実際は中国資本によって買収されている可能性も考えられる。

そもそも、先に指摘したように上質なパウダースノーを誇る世界有数の質の高い観光地である上に、中国から飛行機で数時間で来られるという地理的な要因が加わり、中国資本にとって北海道は極めて魅力的なエリアなのである。

だから今、中国人達の投資意欲は、ニセコの物件だけでは足りず、富良野にまで拡大し、今や富良野の物件が同じく飛ぶように売れているという。

たとえば、香港の不動産開発会社が設立したコンドミニアム（いわゆる分譲マンション）「フェニックス富良野」は、一部屋2億円もする物件だったが、全て完売したという。

そしてもちろんそんな「チャイナマネー」は、ニセコ、富良野に飽き足らず、北海道全域にその投資意欲が拡大中であると言う。

ではなぜ、ニセコや富良野が外国人達にそれほどまでに人気なのかと言えば、上述のように魅力的であるということが重要な理由であるが、それだけでなく、ニセコは世界のリゾート地と比較すると、「割安」だということがより本質的な理由となっている。たとえばニセコが「裕福な日本人達」によって様々に投資され、外国人達には手が出せないほどに高額な土地であれば、外国人の投資家達の投資はこれほどまでに過熱しなかったことは明白なのだ。

現在のニセコエリアの不動産取引の価格相場は1平方メートルあたり約100万円。「今」の我々日本人の感覚からすればそれだけでも十分高いように思えるが、世界の名だたるフランスやアメリカなどのスキーリゾートと比較するとその価格は、おおよそ3分の1程度だと言う（NHK『ほっとニュースweb』より）。

つまり今や、日本と世界、日本と中国との間には埋めがたい「貧富の格差」があり、我々日本人の土地が彼等のカネ儲けのために好き勝手に買い叩かれているのである。

箱根、伊豆、京都の観光資源も買い漁る

北海道の土地や物件がこれだけ中国人達に買い叩かれているのだから、北海道以外の地域のリゾート地ももちろん、同様の扱いを受けているのは当然の成り行きだ。そのターゲットにされているのが、コロナ禍で窮地に陥った全国各地の高級旅館である。

たとえば、宿泊施設の売買を仲介するホテル旅館経営研究所の辻右資所長は、「コロナ禍で外国人から問い合わせが増加していますが、多くは中国人からのものです。今年1月は前年の2倍以上の260件ほど、5月も200件以上の問い合わせがきています。問い合わせの7割を占めるのが、伊豆や箱根、富士山周辺の高級旅館です」(出典:「NEWSポストセブン」2021年6月21日)と証言している。

あるいは、2018年には中国の投資会社「蛮子投資集団」は、京都で120件もの

不動産を買収し、それを使って、京都の町家が並ぶ一角を丸ごと「蛮子花間小路」という名前で、再開発する計画を立てているという。まさに「京都にチャイナタウンが誕生する」（出典：「ＮＥＷＳポストセブン」２０２０１年6月21日）ことになるのだ。日本の中でも最も日本らしさを保持し続けてきた京都の町並みが、今やもう、中国人のカネ儲けと物見遊山に好き勝手に買い叩かれているわけだ。

日本の美しさも誇りも今や中国人によって穢されたと屈辱に感ずる日本人、とりわけ京都人は決して少なくはないだろう。

中国人が日本の婦女子を買う「風俗ツアー」

土地の買収は日本人にとってチャイナマネーによる陵辱という側面が濃密だが、より直接的な陵辱は、日本の女性をカネで「買い漁る」売春行為だ。日本人として誠に恥ずかしき話ながら、高度成長、バブル景気に沸いていた１９８０年代には、日本の男性たちも貧困国家フィリピンにわざわざ集団で出かける「フィリピン買春ツアー」が盛んに行われていたが、これと全く同じことを、今の「貧困国家・日本」の婦女子に対して「おカネ持ち国家・中国」の男性達が行うに至っているのだ。

そもそも1990年代から始まったデフレ不況の影響で、日本の風俗業界は大きく疲弊する状況になっていた。貧困化した男性は風俗にいけなくなる一方、貧困化した女性の多くが、風俗に生活の糧を求めたからだ。そんな中、出版業界や化粧品業界の2倍以上の約3兆円~5兆円規模とも言われる風俗業界が、インバウンドが急激に増加しだした2015年以降、頼るようになっていったのが中国人観光客だった。

当初、日本のソープランドなどは「外国人禁止」だったそうだが、背に腹は代えられないとばかりに、徐々に中国人の「爆買い」需要を取り込み「中国人熱烈歓迎!」を謳うようになっていった。結果、大量の中国人客が風俗街に訪れるようになり、時にはバスに乗って集団でソープランドにやってくるようにもなっていた。

筆者は、2012年に安倍内閣の内閣官房参与に着任した頃、デフレ脱却の必要性を安倍総理を始めとした様々な政府関係者や世論に訴えかけていたのだが、その当時の当方には、日本人の女性が外国人達に買い叩かれるようになれば、日本の誇りも地に落ちる、何とかそれは避けねばならない、という思いが強烈にあった。そうなる前に何とか消費税を減税し、大型財政政策を行うことでデフレを脱却せねばならぬと、２０１２年当時、懸命に政府内外に訴えかけていたのだが、残念ながら筆者の試みは完全に失敗に終わることになったわけである。無念と言う他ない。

しかも、実情は当方が当時懸念していたよりもさらに悪い。

何と言っても、日本人は「サービス精神」が諸外国よりも旺盛であるから、風俗業界における中国人達による日本人婦女子達の扱いは想像を絶する惨さになっている。

たとえば、ジャーナリストの鈴木傾城氏は、通常の「デリヘル」は言うまでもなく、特殊なデリヘルである「妊婦デリヘル」でも中国人の客がやってきており、臨月の時に中国人の客を取って平常の性行為とは異なる特殊な性サービスを行っていたという事例を報告している。つまり、極めて特殊なサービスにまで中国人男性が押し寄せる程に、今の日本の風俗業界は中国人の男共に席巻されているのである。

あるいは、東南アジアの売春地帯では、中国人がしばしばひとりの女性を仲間で共有する「ボンディング（bonding）」という行為があるそうなのだが、関西の「老舗」風俗街である飛田新地でも、この行為が行われており、ひとりの女性を仲間で順番に〝買う〟ということが行われていると言う（鈴木傾城『臨月の風俗嬢は、なぜ中国人の性奴隷になったのか？ 日本人女性を買い漁るチャイナマネーの暴力、インバウンドという日本侵略の実態』Money Voice ２０２１年2月23日）。

極めつけは、週刊ポスト２０１５年1月30日号で報道されていた事例だ。いわゆる性的サービスの範疇を超えるかたちで、中国人の男達に対して「過去の過ちを身体で償います」と日本人のソープ嬢達に中国語で言わせながらに性サービスをさせているというのだ。反日歴史教育をタップリと受けてきた中国人男子達は、これで日本を心底侮蔑しながら大いに征服欲を満たしたに違いない。

このように、日本人女性がオカネ持ちの中国人達に好きなように買い漁られているという状況が、少なくともコロナでインバウンドが来なくなる前まで常態化していたのだ。

そしてあろうことか、その結果、「壊滅した性病」だった梅毒が爆発的に流行するようになっていったのである。医療現場からの報告は、この流行は明らかに「アジア系の観光客」、すなわち、その中でもその大半を占める中国人男性達によってもたらされたことを示している（上記、鈴木氏記事より）。

誠に恥ずべき話だ――個人的な感情描写で恐縮であるが、一人の日本人男性としてこれほどまでに情けなく、悔しい話はない。日本の男共は今や日本の婦女子を守るどころか、金持ちの中国人男性に好き放題に弄ばさせているのである。このままでは日本男子は今や〝愚劣な畜生〟と何ら変わりないと言われても致し方なき状況にあると言えよう……。

今は新型コロナウイルスの流行の影響でこうした動きも停滞してはいるが、「アフターコロナ」において中国人観光客が再び大量に押し寄せることになれば、この流れはさらに激化し、梅毒をはじめとした様々な病が日本に持ち込まれ蔓延していくこととともなるであろう……。最低の悪夢だ。

「安全保障上重要」な土地が中国人に買われている

以上は「観光ビジネス」のための購入の事例だが、こうした観光ビジネスとは異なるより「政治的」な意図の介在が危惧される土地買収もまた中国は激しく進めている。

筆者は防衛省が設置する「防衛施設整備に関する有識者会議」の座長を担当しているが、その関係もあり、大学の研究でも「防衛施設」についての様々な観点から調査、分析を進めている。その中の重要論点の一つが自衛隊や米軍の基地など安全保障上、重要な施設に隣接する土地が外国人に購入されているという問題である。

この点について、諸外国では何らかの規制がかけられているのが一般的である一方、日本には長年、何の規制もないという状況が続けられてきた。

これは安全保障上、極めて危険な状況だ。

政府・国会でもこうした問題は様々に取り上げられ、政府は自らが行った調査を通して、中国などの外国資本が関与した可能性がある買収や売買計画が少なくとも700件存在することを明らかにしている（「産経新聞」2021年5月13日）。

確認されたのは自衛隊や米軍の基地、海上保安庁や宇宙開発関連施設などに隣接した土地の買収やその計画であった。こうした土地の中には、対象地の全景が一望でき、日米の艦船や航空機の運用や関係者らの動向が把握される恐れもある土地が含まれていた。

たとえば神奈川県では、中国政府に関係があるとみられる人物が米軍基地直近の土地を購入し、マンションを建設していたことが判明しているし、「米系資本」を名乗るものの実際には「中国国営企業の関係者」と見られる人物が、米軍基地が見渡せる沖縄県の宿泊施設の買収を打診した事例も報告されている。

原発周辺の土地、そして水資源の森林を購入していく中国人

こうした周辺の土地が政治的目的で外国人に購入されている重要施設は、防衛施設や基地以外にも「原発」がある。

北海道の泊原発では、その周辺の土地を中国資本の貿易会社が購入しようとしていた事案があったことが報告されている。この件について個人投資家でもある作家・山本一郎氏が調べたところ、直接取材ではビジネス投資の目的で購入したとは答えていたものの、泊原発以外にも、秋田や新潟などの全国の様々な地域の「重要施設」周辺の物件情報もあわせて収集していることがその後の調べで明らかになっている（山本一郎『「原発・

基地周辺の土地」を、中国人らが購入している問題の「深い闇』」現代ビジネス　2021年6月30日)。

こうした問題が最初に世間的に大きく認識されるようになったのは、2010年に北海道が外国資本による森林の売買状況の調査を行った時であった。それによって道内の計406ヘクタール、野球グラウンドにして406面分がすでに外国資本に買われていたことが判明した。この問題について北海道議会が政府に提出した意見書には、「我が国における現行の土地制度は、近年急速に進行している世界規模での国土や水資源の争奪に対して無力であると言わざるをえない」と明記された。

その後、こうした買収の主たる目的が「水資源の確保」のためであるか否かには諸説あるとの指摘もあるものの、単なるビジネス目的を超えた中国人による買収が多数含まれていることは、どうやら間違いなさそうである。

先に紹介した山本氏の取材報告によれば、そもそも2017年ごろまでに北海道内で取引された外国資本による森林買収は160件あまりで、そのうち重要施設の付近にあると見られるのが35件あったのだが、その35件の内の30件は本当の買い手が誰であるのか登記を調べてみてもよくわからない事案だったという。そしてそれらの不明瞭な案件の多くが、空港や自衛隊施設等の重要施設の周辺の森林であり、かつ、そうした事案に限って買い手が一体誰かわからない「怪しい」ケースが大半であったと報告されている。さらに、こうした「怪しい」ケースの買い手をより詳しく調べてみると、海外で勤務する「中国人民解放軍」に所属する人物であることが判明したこともあったという。

ビジネスを超えた、水やエネルギー、そして防衛といった安全保障の観点からの中国による北海道の森林買収は、着実に進められているのである。

ようやく制定された重要な土地の売買を規制する法律

以上に指摘した自衛隊の基地や原発、さらには、国境に位置する離島などの土地は、外国人が日本を「侵略」したり「破壊」したりする政治的な意図で購入されれば、日本の安全が著しく脅かされるものであり、その外国人の買収については何らかの規制をすべきものであることは論を待たない。こうした議論が、政府や国会などで様々に議論されてきていたのだが、そんな長い年月をかけた議論を経てようやく、この度２０２１年、規制する法律が国会で成立した。

その法律名は、「重要土地取引規制法」（国家安全保障上重要な土地等に係る取引等の規制等に関する法律）。

この法律では、重要施設の１キロ以内の売買については、行政にその売買の情報を届け出る必要がある、という形で、売買の規制を目指すものである。

この問題に長年取り組んできた当方としては、この法律の成立は、適切な規制に向けての、重要な「第一歩」として大いに歓迎しているのだが、遺憾ながら、必ずしも十分なものではない。まだまだ改善が求められる状況にある。

たとえば「１キロ以内」という範囲が必ずしも十分ではないという問題があるが、それよりもより重要なのは、この法律は売買を規制するものではあるが、すでに外資によって購入されていれば、政府として十分な対応を図ることができない、という点にある。危険な行為を一発やられてしまえば、たとえば、原発に対して何らかの破壊行為が一発行われてしまえば、元も子もない。そんなリスクを回避するためのさらなる法案見直しは、必須なのだ。

いずれにせよ、我々日本の国土は、ビジネス目的での投資・投機の対象と見なされ、彼等のカネ儲けのためにに使われているのみならず、安全保障上の目的で中国人達によって購入されているのである。これはもはや、「広義の侵略目的」での買収と解釈しても決して大げさではなかろう。それは尖閣諸島などに対する軍事的な占領とは異なる形であるが、経済的なパワーを用いた経済的侵略行為に他ならない、現岸田内閣がにわかに重視し始めた「経済安全保障問題」そのものだ。すなわちこうした中国の侵略が、静かにゆっくりと人知れず、我が国の国土を蝕みつつあるのである。

中国に買い叩かれる一流の日本企業達

今や3倍にまで広がった日本と中国の経済格差。これだけ差が開けば、「金持ち中国」は、「貧しい日本」のあらゆるものを買い叩いていくのは避け難い。

そんな中でいの一番に買い叩かれるのは、旨みのあるモノだが、そんなものの代表が優秀な「日本企業」達だ。

言うまでもなく、戦後の奇跡の復興を支え、日本を世界有数の経済大国に仕立て上げたのは「日本企業」だ。中でもとりわけ、勤勉、かつ優秀な日本人が懸命に働き、世界に冠たる技術力を身に付けた日本企業は、諸外国からしてみれば垂涎の的だ。それが今や、中国からしてみれば二束三文の安い値段で手に入るのだから、彼等が黙っているはずがない。

図6をご覧頂きたい。この図は、あるメディア関係者が独自に調べた、中国に買収された日本の主要企業のリストである。

ご覧のように、日本の名だたるパソコンブランドや家電製品、オーディオ機器、医療等の企業が、すでに中国人に、企業まるごと買収されてしまっているのだ。

たとえば、NECのLAVIEや、富士通のFMV等は日本ではメジャーなブランドだったが、それぞれ2011年、2018年に中国ブランドになっている。買収したのは、中国のレノボ（聯想集団）だ。この会社は1984年に出来た比較的新しい会社だが、その成長は著しく、2004にはIBMの「ThinkPad」を買収している。

図6　中国企業に買収された主要企業の一部

買収された日本企業の名称	買収された日本企業の業種	中国企業の名称	買収時期
NECパーソナルプロダクツ（PC部門）	PC製造	Lenovo（聯想集団）	2011年
富士通クライアントコンピューティング	PC製造	Lenovo（聯想集団）	2018年
三洋アクア	家電製造	Haier（海爾集団）	2011年
東芝ライフスタイル	家電製造	Midea（美的集団）	2016年
山水電気	オーディオ機器製造	善美集団	1991年
赤井電機	オーディオ機器製造	善美集団	1994年
ナカミチ	オーディオ機器製造	善美集団	1997年
パイオニア	オーディオ機器製造	Baring Private Equity Asia	2019年
レナウン	衣料品製造	山東如意集団	2010年
ラオックス	家電量販店	蘇寧電器	2009年
池貝	産業機械製造	上海電気集団	2004年
オギハラ（金型工場）	自動車製造	BYD（比亜迪汽車）	2010年
本間ゴルフ	ゴルフ用具製造	上海奔騰企業	2010年
タカタ	自動車用安全部品製	Key Safety Systems	2018年

訪日ラボ編集部『中国資本の買収した日本ブランド／パソコンや家電、経営危機免れたメリットとその代償とは』訪日ラボ、2020年06月25日。

富士通やNECは20世紀後半、日本国内の日本人による旺盛な購買力、すなわち勢いのある内需に押される形で、巨大企業に急成長したが、1997年の消費増税を皮切りとして始まったデフレ不況によって、日本の内需は縮小、それにあわせて、企業業績が悪化の一途を辿っていた。そんな中、経営陣は様々な企業努力を積み重ね、生き残りを目指してきたのだが、2010年代になるとさらに業績は厳しくなっていった。

そんな時に、中国企業のレノボからの買収提案は、経営陣にとって大変魅力的であったに違いない。結果、経営陣は背に腹を代えられないということで、レノボへの「身売り」を決定。それぞれの企業が抱える従業員や技術者達を守るためには、豊富な資金を持つ中国企業に身売りする方が、解雇せずに済むという判断が働いたのである。

同様の話はあらゆる分野に及んでいる。

高品質の象徴として日本の家電製品は海外諸国でも人気を持っていたが、そんな日本家電企業の代表格である三洋と東芝は今やもう、中国企業だ。

三洋は、松下電器（現・パナソニック）を設立した松下幸之助氏の義弟である井植歳男氏により１９４７年に設立されたが、業績不振が続き、２０１１年にはパナソニック（これは今の所まだ、日本企業だ）に買収されることとなったが、三洋の白物家電事業を務めていた三洋アクアはパナソニックの事業と重複するため、「売り」に出されることとなった。そして、中国のHaier（海爾集団）が約１００億円で買収した。

一方東芝は、１８９３年に設立された芝浦製作所と１８９９年に設立された東京電気の流れを受け継ぎ、１９３９年に設立された日本の老舗企業だ。しかし、21世紀に入ってから業績不振で赤字経営が続き、遂に２０１６年には、東芝の家電部門である東芝ライフスタイルが、５３７億円で中国のMidea（美的集団）の傘下となった。

同様にしてオーディオにしても、パイオニアや赤井等の有名ブランドが、衣料品ではあのレナウンが、それぞれ買収された。

一般の方にしてみれば、企業が買収されるというのがどういう意味があるのか、にわかにはわかり難いかも知れないが、要するに、東芝や三洋、レナウンやパイオニアが、今や日本企業ではなく、中国企業になっているということだ。

その結果、どうなるかと言えば、まず第一に、その製品を買えば、かつては、基本的にその売り上げ金が全て日本に戻ってきていたのだが、今やもう、その売り上げ金の多く（場合によってはその大半）が、中国に流出していくことになってしまっているのだ。

中国に搾取され始めている日本人労働者

もちろん、それぞれの企業で働く人は、今の所日本人が多く、したがって、売り上げ金の一部は日本人への給料として戻ってはくる。しかし、彼等の給料を決めるのは、中国人の経営者であり、奴隷や社畜のように安い賃金にすることだってできる。そして、労働者に支払った上でも残る「儲かったお金」は全て中国人のものとなる。

一方で、何十年、あるいは百年以上かけて培ってきた企業のノウハウや技術はもちろん全て、根こそぎ中国に奪い取られる。

つまり中国に企業を買収されるということは、お金のみならず、技術もノウハウも全て中国に吸い上げられていくことを意味するのである。

こうなったとき、日本人の労働者や技術者が、どれだけ優秀でどれだけ懸命に働いても、さして裕福にはなれない。

そもそも資本家が、労働者が産み出した様々な価値によって得た利益を吸い上げ続けるのが「資本主義」と呼ばれる仕組みだ。だから、労働者が搾取されるのも、資本主義の必然だと言うこともできるだろう。

しかし「社長と労働者が一心同体の家族」であるなら、社長は社員を大切にして、社員が満足する給料やボーナスをタップリと支払うこともあるだろう。そしてそんな社長に報いるべく、その社長のために、そしてその会社のために精一杯社員達も働くという信頼関係が取り結ばれることもあるだろう。事実、それこそが「日本型経営」と呼ばれるものであり、昭和時代までは、我が国日本の殆どの企業がそうした経営を行い、それが我が国の高度成長やバブル景気を支えたのであった。

しかし、中国が買収した会社ではそんな幸福な日本型経営が採用されることなどない。中国人経営者はそもそも、日本人や日本を愛するために日本企業を買収したのではなく、純然たる「カネ儲け」のために日本企業を買収したに過ぎない。そのために投資した金額を回収し、さらにはより高い利益率で利益をたたき出すことをしか考えていない。

だからこそ、中国人に日本企業が買収されればされる程、日本人の労働者が単なる道具と見なされ、搾取されるようになっていくのである。

誠に遺憾な話であるが、今や日本は、軍事的に侵略されてはいないとはいえ、「経済的植民地」として中国に実際的に搾取され続ける体制に徐々に移行しつつあるのである。

しかも、名だたる世界的な日本の一流企業達の多くが中国資本に買収されてしまっているというこうした現実は、多くの国民にとっては「寝耳に水」のような話かも知れないが、残念ながらこれで終わりだということは絶対にならない。

中国は未だに膨張し続ける一方、日本は愚かな政府のせいで凋落の一途を辿っているのであり、今後さらに激しく、より多くの日本企業が中国に買い叩かれ続けることは火を見るよりも明らかだ。

「このまま」の状態が続けば、我が国日本は今後ますます中国に蝕まれ、事実上の経済的植民地として搾取され続けていくのは、「約束された未来」なのである。

この状況を何とかせねばならぬ――そう念ずるのは、決して筆者一人ではなかろう。

事実、外務大臣を長年勤めた岸田文雄総理もまたその危機感を持った者の一人だった。

だからこそ彼は「経済安全保障」を政権の重要政策として打ち出したのである。

第3章　蝕まれた精神——偽善に塗れた「日中友好」

「日中友好」が日本人の精神を蝕んできた

日本は今、急速に中国に蝕まれ始めている。先の第2章では、私達のこの国土、日本の土地が、中国が経済大国化し始めた頃から、ビジネスや軍事戦略の目的のために中国に蝕まれ始めている様子を描写した。

しかし、中国が経済大国化し始める遙か昔、終戦直後から、戦後一貫して、中国は薄甘い偽善に満ちた「日中友好」というキーワードを使いながら日本人の「精神」を蝕み続けてきたのである。

そして、その結果として、中国は経済大国日本から様々な支援を引き出し、貧困国から今日の超経済大国へと大変身する契機を得たのである。やがて、我が国は経済の視点から中国の後塵を拝するようになり、先に見たように国土や企業を始めとした様々な日本固有の資産が蝕まれるような事態に陥ったのである。

つまり我が国は、中国が経済的な「後進国」であった時代から精神を蝕まれ続け、それを通して中国を大国化させ、日本に、そして世界に「悲劇」を導いたのである。

ここではその顚末を振り返ってみることとしたい。

「貧しい国」中国

戦後、長い間中国は日本にとって、そして世界にとって「発展途上国」に過ぎなかった。我が国日本と比べれば、中国人民は比較にならないほどに「貧しい」暮らしを余儀なくされていた。事実、世界中の誰もが認める「経済大国」であったバブル期の日本は、中国の4〜5倍程度もの経済規模（すなわち、GDP・国内総生産）を誇っていた。つまり、中国全土の経済規模は、日本国内で言えば関東、あるいは関西の経済規模にすら満たない、小さい経済小国だった。

しかも、中国は10億人を超える人口を抱えていた。それにもかかわらず、日本の4〜5分の1程度の経済規模しか持たなかった。いわば、日本は数人の家族で大きな収入がある「オカネ持ち一家」だった一方で、中国は、日本の10倍以上もの家族を抱える超大家族であるにもかかわらず、僅かな収入しかない、「極貧一家」だったのだ。数字で言うなら、中国は日本に比して人口が10倍以上なのに総所得は4～5分の1程度しかなかったということはつまり、中国人「一人あたり」が自由に使えるおカネは、日本の実に40分の1、50分の1、という比較にならぬ程の貧富の格差が日中の間にはあったのだ。

事実、80年代に学生であった頃の筆者は、中国人といえばほとんど全ての人々がみすぼらしい人民服を着て、しかも交通手段は全員自転車で、家に帰れば日本では信じられない程の劣悪な住環境の中、まるで時代劇に出てくる貧しい農民達のような暮らしをしている、というイメージしかなかった。テレビや映画では、そういう映像がいつも映し出されていたからだ。

つまり当時の筆者にとって中国人といえば、人口だけは多いものの、人々の暮らしぶりはその他の東南アジア諸国とさして変わらない、貧困にあえぐ貧しい後進国に過ぎなかったわけだ。筆者は今、50代だが、おそらくは50代前後以上の人々にとって、中国といえばこうした「貧しい国」だという印象、イメージを未だに抱えているのではないかと思う。

「かわいそうな国」中国

こうした「貧しい国」というイメージに加えて、若い頃の筆者にとって持っていたもう一つの中国のイメージは、「かわいそうな国」というものであった。

この「かわいそう」のイメージは、一つは「貧しいから」というものでもあったのだが、それよりもより重要であったのは、かの日中戦争の記憶であった。

筆者が生まれたのは昭和43年、戦争が終わってわずか23年しかたっていなかった時だ。だから筆者の幼少期から少年期、青年期の入り口にかけては、生活空間の中に戦争の記憶が様々にちりばめられており、したがって、戦争というものが単なる歴史的事実ではなく、一定のリアリティをもった手触りあるものであった。筆者ですらそうなのだから、筆者よりも年配の60代、70代の国民にとってはより一層そうであった。

そして、当時濃密に残っていた国民的記憶が「南京大虐殺」事件に象徴される、中国人に対して酷い仕打ちをしてしまったという「記憶」であった。

本書はこの問題について深く立ち入ることは回避するが、この問題を巡っては、実に多くの「事実の捏造」、つまり「ウソ」が横行してきたという事実が明るみになっている。そして、そんな捏造とウソに基づいて「日本人が中国人に、ナチスによるユダヤ人虐殺と同じような酷いことをした」という「物語」が、日本人の認識の中で史実と乖離する形で強化されていったのである。

ここで一言付言しておくが、筆者はもちろん日本側に中国に対する侵略行為の側面があったことは間違いないと考えているし、日中戦争において日本の軍人が皆聖人君子のように立派に振る舞ったなどとは全く考えていない。だからこそ日本は、中国を含めた近隣諸国に対して自衛を超えた侵略的行為を成さぬと誓い続ける道義的責任をより一層強く持つと考えている。

しかしだからといって、ナチスがユダヤ人に対して行ったような、あるいはアメリカが広島、長崎の人々に対して行ったような、さらには、現在の中国共産党がチベットやウイグルの人々に対して行っていると言われているような、ジェノサイドやホロコーストのような大量虐殺を、日本が中国に対して仕掛けたということを信ずる責務があるとは微塵も考えてはいない。それを信ずるには根拠が必要であるということ、そしてそれと同時にそうした根拠は少なくとも筆者がこれまで様々な文献を確認し、それらを筆者なりに誠実かつ公正に評価解釈した範囲では、存在していないと認識している。

そうである以上、戦後日本で、そして、中国国内で繰り返し言われてきたような「アウシュビッツ級の南京大虐殺」なるものがあったと断定することは、極めて不当かつ不誠実な態度だと考えている。

そもそも、日本が戦争に勝ったとか負けたとかいうことが、日本が中国に仕掛けた「罪」の認識に影響を与えてはならないはずだ。しかし、この戦争に日本が敗れたということそれ自身が、日本の中国に対する態度の歴史的評価を、激しく歪めており、日本の罪を激しく過大評価させている疑義が極めて濃厚である。歴史は国によって異なるのが世の常だとしても、「無いものを有る」（あるいは、「有るものを無い」）と断定して作り上げられた歴史は捏造以外の何ものでもない。

しかし繰り返すが、こうした客観的視座からの史実に関わる議論とは全く別の次元で、すでに多くの国民が南京大虐殺を素朴に信じ、そのイメージに基づいて「日本は中国に対して大変に酷いことをした」という認識を共有しているのが現実なのである。

そしてその結果、多くの日本人は、中国をより一層深い憐憫の念で眺め、「かわいそうな国」と認識するに至ったのである。

「貧しくかわいそうな国・中国」を助けるための「日中友好」

こうした経緯の中で、戦後日本を支配してきた対中国への基本態度こそ「日中友好」であった。

すなわち、「中国は貧しくてかわいそうな国なのだ、そして、そんなかわいそうな状況にしてしまったのは、僕達日本人がワルイことをしたからなのだ、だからその罪滅ぼしのためにも、中国と仲良くして、かわいそうな中国を助けてやらなきゃいけないんだ」ということで、醸成されていったのが「日中友好」という「コンセプト」だったのである。そしてこの日中友好というコンセプトは、戦後、実に幅広く、そして深く日本人の精神に浸透していくことになった。

その代表格が、「左翼」ないしは「サヨク」と呼ばれる政治的態度を持つ人々であった。

なお、筆者が「サヨク」とカタカナで書くのは、哲学的思想にさして頓着せず、単なるイメージや気分で主義主張を口にする方々を指しているが、具体的にはこの「サヨク」の方々というのは一般的に言うなら、共産党や社会党といった政党を支持し、朝日新聞や毎日新聞を愛読するような方々だ。主として個人の自由や平等などの憲法的理念を重視しつつ、「国家」や「政府」に対して否定的な態度を持つことをその特徴としている。したがって「サヨク」の人々は、戦前の日本軍の悪事を取り上げ、日本政府を叩くことを好むという政治的傾向を持っている。

そんな彼等に取ってみれば、南京大虐殺などのかつての日本政府や日本軍の悪事を「証明」していると言われる事件は、むしろ彼等の政治活動にとって「有り難い」代物ですらある。だから、「サヨク」にとってみれば、彼等の政治活動にとって中国は「かわいそうな国」である方が都合がよいのである。そしてその必然的帰結として、彼等は「日中友好」を強烈に主張するに至るのである。

「保守」に親中派がいる理由

一方、そうした「サヨク」とは逆の政治的傾向を持つ「保守」と呼ばれる人々においても、こと中国に対しては、この「サヨク」と似たようなメンタリティを持っている。たとえば自由民主党の重鎮議員達の中には、日中友好を頑なに主張する人々が実に多いのだが（彼等はしばしば、親中派議員と呼ばれる）、彼等は別に「サヨク」のように日本国家を「ディスりたい」から日本の中国への侵略行為を取り上げているのではない。彼等はむしろ、「サヨク」とは違って、「日本は立派な国だと思いたい」という感情を持っている。彼等はその感情に基づいて、「俺たちは中国にワルイことをしたんだ。だから、俺たちはその責任を取って、中国に優しくしてやらなきゃいかんのだ」という、どちらかと言うと「上から目線」の気分でもって、中国を「かわいそうな国」と見立てている。だから彼等は、中国が望むことを何でもホイホイ聞いてやり、甘い汁を吸わせてやろうとする（後に紹介する天安門事件直後の自民党の態度や、昨今の習近平の国賓待遇などがまさにそういう振る舞いだ）。

しかも自民党には自由貿易の拡大は正しいことだとも信じて疑わない者が多く、したがって、自民党の親中派議員は必然的に、中国の言いなりになりながら中国との貿易を拡大していくという挙に出てしまう。そんな時に彼等が口にするのが「日中友好」という錦の御旗なのだ。

つまり、「サヨク」にせよ保守にせよ、少々異なる気分と論理を持ってはいるものの、いずれも「日本は中国にワルイことをした」と認識しつつ、「日中友好」を叫ぶというメンタリティを持ち続けてきたのである。

かくして日本は戦後、そんなかわいそうな中国を「助けてあげる」ために、40年間で3兆円ものODA（政府開発援助）資金を提供し続けたのである。

ちなみにこのODAを終えたのは、実はわずか数年前の安倍内閣期の2018年のことだ。

2018年といえば、日本よりも中国の方がもはや圧倒的な経済力を誇っていた時代であったにもかかわらず、日本は支援金を手渡し続けたのである。しかも、2010年頃から中国は、我が国の固有の領土である尖閣諸島を「中国領土だ」と叫びつつ、連日民間漁船のみならず海警局の公船を差し向け続けていたにもかかわらず、である。

　このほとんど理解しがたい政府支援がなされ続けたのは、「酷いことをした日本の、かわいそうな中国に対する罪滅ぼし」という「日中友好」の認識が保守にせよサヨクにせよ、左右を問わず政界を中心とした日本に濃密に共有されていたからこそだ。さもなければ、貧乏な国日本からより金持ちの国中国にカネを渡し続けるなぞという理不尽は、絶対にあり得ない代物だったのだ。

　逆に言うなら、我が国領土に侵略をしかけてくるような金持ち国家であるにもかかわらず援助を支払い続けたというこの事実こそ、「かわいそうな国中国を友好的に助けねば」という日本における甘い思いの巨大さを証明していると言うこともできよう。

　しかし、誠に残念なことに、この日本人が共有していた薄甘い「日中友好」のメンタリティが、日本のみならず、世界全体に取り返しのつかないほどに巨大な禍を導いてしまうことになるのだが――以下、その顛末について解説することとしよう。

「天安門事件」で没落しかけた中国を救った日本の「馬鹿丸出し」マインド

結論から申し上げるなら、日本において強烈に共有されていた「日中友好」の薄甘い気分こそ、今日、世界に様々な害悪・弊害をもたらし続けている「超大国中国」を産み出す根源的原因だったのだ。

この点について、たとえば中国問題グローバル研究所所長の遠藤誉氏は次のように述懐している。

「平成時代の日本の対中外交は、まさに中国を強大化させるためにひたすら手を差し伸べてきた外交だったと言っても過言ではない。長期的戦略がまるでなく、その意味では敗北だ」（遠藤誉『敗北を招いた日本の対中平成外交：中国の地政学的な長期戦略を見抜け』表現者クライテリオン　2019年7月）

誠に遺憾という他ないが、この遠藤氏の指摘は正鵠を射ている。この問題は、中国の「したたかさ」と、日本の「ナイーブさ」と「愚かしさ」を明らかにするものであると共に、これからの日本が中国に対してどのように向き合うべきかを指し示す重要な事案であることから、遠藤氏が上記記事で論じた内容を少々詳しく解説することとしよう。

１９８９年、「中国共産党」を中心とした中華人民共和国は、建国以来最大と言いうる危機に陥った。

天安門事件である。

中国共産党の軍隊である「中国人民解放軍」が、民主化を叫んで天安門に集まった大量の若者たちを、戦車で文字通り大虐殺したのだ。

すなわち、人民を解放するための軍隊であるにもかかわらず、彼等は人民に向けて鉄砲を撃ち、戦車で踏み潰していったのだ。その血で染まった惨劇の様子は、日本では放送コードなる自主規制故に残虐シーンを「隠蔽」する形でしか報道されなかったが、欧米ではその惨劇の映像がそのまま放送された。

結果、その映像を目にした欧米世論は中国共産党に対して激しい怒りを抱くに至る。そしてそんな激しい怒りの世論に後押しされる形で、欧米諸国は軒並み、協調して厳しい対中経済制裁を決断した。

事実、それを契機に中国への海外からの投資は激しく低迷し、ほとんぞ「ゼロ」に近い水準へと落ち込んでいった。

しかし、こうした状況を憂い、欧米の対中経済制裁にストップをかけたのが、日本だったのだ。

天安門事件が起こった89年の6月から約1カ月後の7月、パリ郊外で開かれたアルシュ・サミットにて、日本以外のアメリカ、フランス、ドイツ、イギリス、カナダ、イタリアの欧米6カ国はいずれも中国に徹底制裁を加えるべきだと共通して主張した。しかし、宇野宗佑首相を中心とした日本政府はそうした欧米に対して必死になって抵抗したのである。そして当時の日本は経済大国として一目措かれる存在であったが故に、こうした日本の主張が一部認められ、対中制裁決議宣言の文言を緩和させることになってしまったのである。

言うまでもなく、中国はこの難局を打開するにあたって、日中友好を言い続ける日本に上手くつけ込めば、ナイーブな日本がこちらになびくことは十二分以上にあるだろうと踏み、様々なチャンネルを通して日本側に働きかけたのであった。そして、外務省の「チャイナスクール」と言われる親中派の役人組織や、自民党の親中派の有力議員達に積極的に働きかけ、まんまと日本政府を中国の思い通りの方向に操ることに成功したのである。その結果、日本は政府を挙げて「中国を孤立させない」という方針であらゆる外交交渉を組み立てることにしたのである。

今から思えばまさに「日本、馬鹿丸出し」と言わざるを得ない展開なのだが、当時の日本政府はそう考えなかった。そしてその後、日本は「粘り強い交渉」を重ね、事件から2年が経った1991年、ついに円借款再開を決定する。

欧米諸国はこれをもちろん「背信行為」として徹底批判をする。しかし、日中友好こそが正しき外交だと信ずる日本政府はそんな批判など意に介さず、中国との交渉を積み重ねた。

その中で中国は遂に「天皇訪中」のカードを切り始める。

そして1992年、江沢民国家主席は、天皇訪中が実現すれば中国は二度と歴史問題を提起しないとまで発言するに至ったのである。日本政府はこの発言を真に受け、当時の副総裁・外相の渡辺美智雄氏が訪中した際に天皇訪中を確約、自民党内の反対派を押し切る形で92年に天皇訪中が実現する運びとなった。

外交儀礼上、英国女王よりも、そしてローマ法王よりも上位に位置づけられる「エンペラー」である天皇の訪中は、中国当局の読み通り、西側諸国に大きなインパクトを与えることになった。それは、天安門事件という巨大な犯罪行為を、公式に「赦す」という意味を帯びた外交イベントとなったのである。

その結果、ほぼ「ゼロ」にまで落ち込んでいた海外からの対中投資は「激増」していくこととなっていく。

「日中友好」が産み出した世界の悲劇

ここで図7をご覧頂きたい。

この図は、中国への投資規模の推移を示している。

この図に示しているように、1992年の天皇訪中まで、対中投資は減少していたのだが、そこから文字通りのV字回復を遂げ、約25億ドルから約500億ドルへと約20倍も拡大していった。

図7　中国への海外からの投資規模と、その年平均増加率

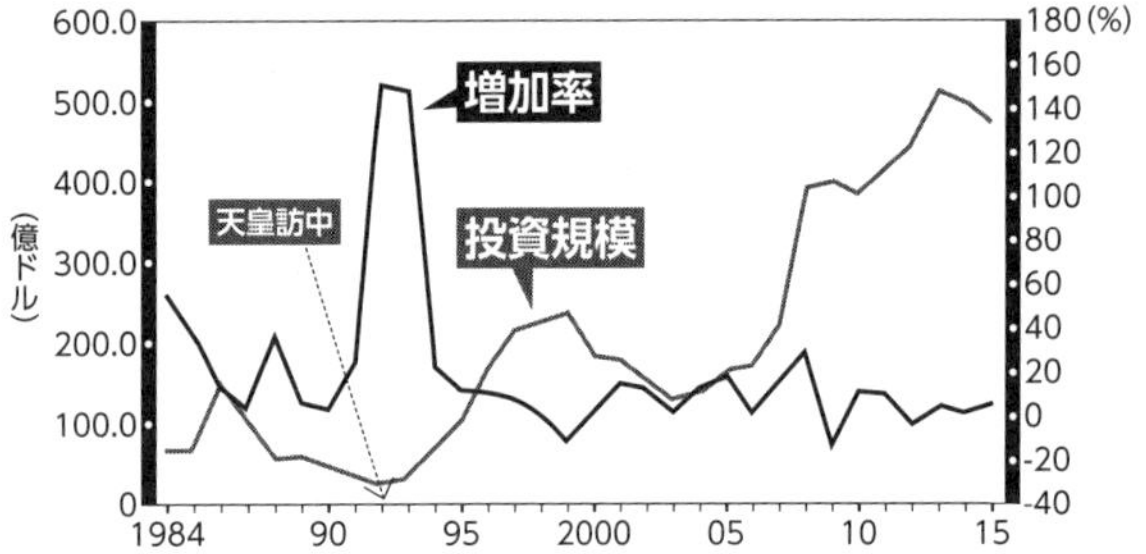

2016年「中国外国投資報告」

出典：遠藤誉『敗北を招いた日本の対中平成外交：中国の地政学的な長期戦略的を見抜け』、表現者クライテリオン、2019-07.

もし、この投資拡大が無ければ、中国は今日のような強大な経済大国にまで膨張していくことなど、あり得なかったのである。

併せて図8をご覧頂きたい。これは中国のGDPの推移である。

ご覧のように、海外からの対中投資が限定的であった80年代後半から95年あたりまでは低い水準をゆっくりと推移する状況であった。一方で、対中投資が拡大していった2000年頃から、経済規模が大きく拡大していったことが分かる。

そして2005年以降に対中投資が「急激に拡大」していくにつれて、中国経済もまた凄まじい勢いで成長していった。そし

図8　中国のGDP推移

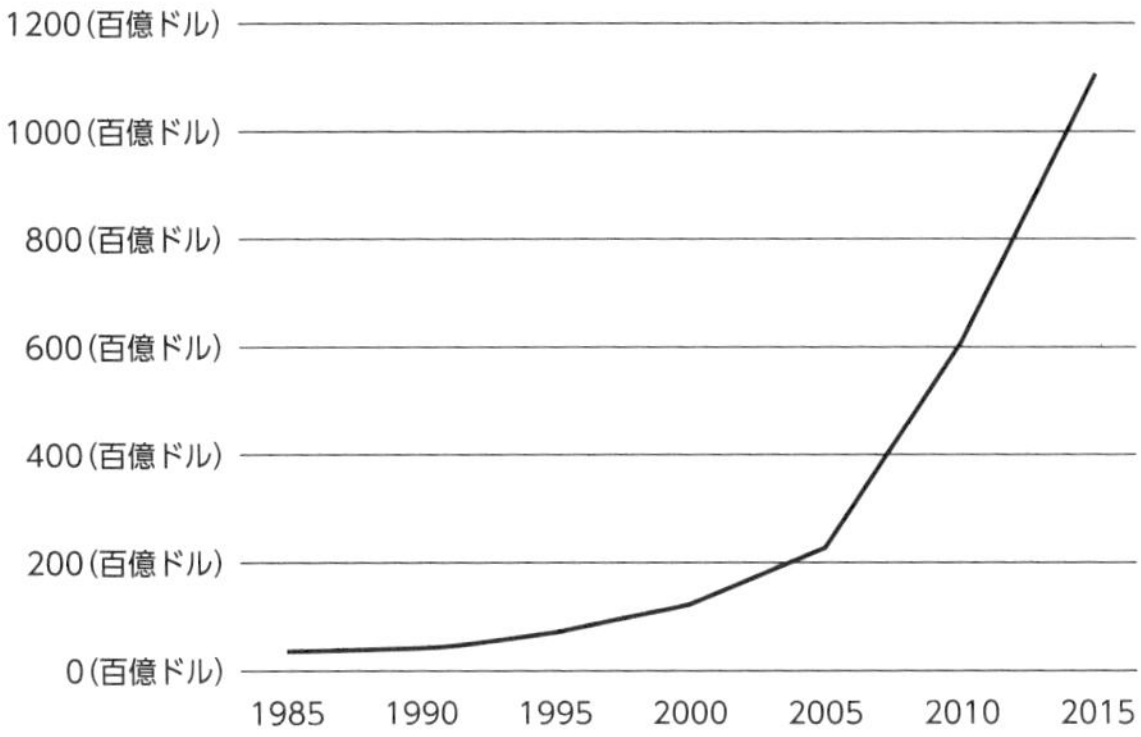

て、これによって世界の経済超大国へと大躍進を遂げることになったのである。

こうした経緯を踏まえるなら、海外からの対中投資が、90年代程度の水準で低いままに押さえられていたのなら、中国が今日ここまで経済成長することはあり得なかったと考えることができよう。

したがって、中国を経済大国化させたのは、１９９２年の天皇訪中だったのだと言わざるを得ないのである。

そして、その天皇訪中を実現させたのは、日本人が南京大虐殺事件を信じ、中国に対して抱いた謝罪の念を背景として「日中友好」こそが国是だと考えるというメンタリティが、日本人の精神の奥深くに浸透してしまっていたからこそなのである。

いわば、日本人の精神の奥底が、薄甘い「日中友好」という偽善に蝕まれてしまっていたのであり、その偽善によって、今となっては米国を中心としたG7各国が、何よりも重要な国際的課題であると強烈に認識している「中国封じ込め」を実現するにあたっての「千載一遇」のチャンスを、文字通り日本はみすみすドブに捨ててしまったのだ。

すなわち今、中国を経済大国化させ、世界の新たな脅威となるという現代の深刻な問題を導いたのは、煎じ詰めて考えれば、日本人の偽善に満ち満ちた「日中友好」マインドだったのである。もしもそういう薄甘い偽善マインドが日本精神の内になければ、中国に対して是々非々の態度を取り、深めるべき友好関係は深め、対峙すべき時には適切な距離感で対峙・対決することが可能となり、天皇訪中も実現することなく、それ故に、天安門事件に対する全世界からの経済制裁はさらに長引き、中国が経済超大国化していく契機を得ることなどなかったのである――。

日本人の一定水準以上の思考停止を伴う「日中友好」の精神が、「覇権国家・中国の膨張」という悲劇を日本と世界にもたらしたのである。

「天皇訪中」を実現させると反日教育を強化した

さて、先にも指摘した通り、中国の江沢民国家主席は、天皇訪中さえできれば歴史問題は二度と持ち出さないとまで発言していた。しかし、皮肉にも、この天皇訪中をピークとして、日中関係は悪化の一途を辿ることとなる。そして、「歴史問題を提起しない」という口約束は完全に反故にされ、中国共産党は天皇訪中直後から中国国内の反日教育を強化していったのである。つまり日本は中国に欺されたのだ。

誠に「汚い」やり口だと言わねばならないが――生き馬の目を抜くような現実の国際外交の現場では、汚いかどうかよりも、国益を守り切ったか否かだけが重要だ。事実中国は、その「汚い」やり口を通して天皇訪中を実現させ、それを通して海外からの対中投資をV字回復させ、今日の「経済超大国」の地位を手に入れたのだ。

中国はまさにそうした結果を手に入れることを目指し、日本の幼稚さナイーブさを利用し、国益を守ったのである。つまり中国のホンネは、自らの目的を達成できればその後日中関係がどうなろうが知ったことではない、というものだったわけだ。

その結果として我が国は2010年にはGDPで追い抜かれ、今や中国は日本の3倍もの水準にまでその経済規模を膨張させ、日本の経済安全保障をどんどん脅かす存在となっていき、今やインバウンドなり輸出なりビジネスの視点から、日本は中国の顔色をうかがい続けなければならないような情けない状況に至ったのである。

この状況で、これまでの中国の「汚さ」を批難したとしても、犬の遠吠えにしかならない。我々に今できるのは、以後、もう二度と欺されないように、薄甘い日中友好気分を捨て、中国を相手とした大人の外交を展開することを企図することを措いて他にない。

にもかかわらず、我が国政府は未だ偽善に満ちた日中友好意識を捨てられず、香港問題やチベット問題、ウイグル問題について、かつての天安門事件直後の状況と同じく、西側諸外国が中国に対して徹底的に制裁的な対応を取ろうとしている中、我が国日本だけが、弱腰の対応をしか取れていないのが現状なのだが――その点を説明する前に、こうした「日中友好」に対する反発として急速に拡大していった「嫌中論」の流れを次章で見ていくこととしよう。

第4章　蝕まれる領土——「嫌中」が導く日本の自滅

日本人が中国の経済成長を感じ取った頃から「嫌中」が拡大

先の章では、「中国はワルイ日本によって虐められたかわいそうな後進国。だから、詫びを入れながらODAで支援してあげて、仲良くやっていこう」という日中友好マインドに基づくストーリー立てで中国を眺める左右の人々が、如何に中国によって体よく欺されてきたのかを解説した。そしてそれを通して、日本は大きく凋落していった一方で、そんなナイーブな日本のお陰で中国が驚異的な躍進を遂げたさまを解説した。

こうした日中友好マインドは一言で言うなら「親中」の態度である。

しかし、こうして親中派によって日本が具体的な損害を被るようになってから、我が国には「親中」の丁度正反対の新しい派閥が急速に拡大していくことになった。

それが、平成期になって一気に広がった「嫌中」と呼ばれる態度である。

嫌中は文字通り、中国を嫌うという態度だ。日本では、この嫌中は、韓国に対して嫌悪の念を抱く「嫌韓」の態度と、半ばセットのような形で共に拡大していった。

この嫌中論は、中国が経済大国への歩みを始めた2000年代中盤からにわかに始ま

図9　日本と中国のＧＤＰの推移

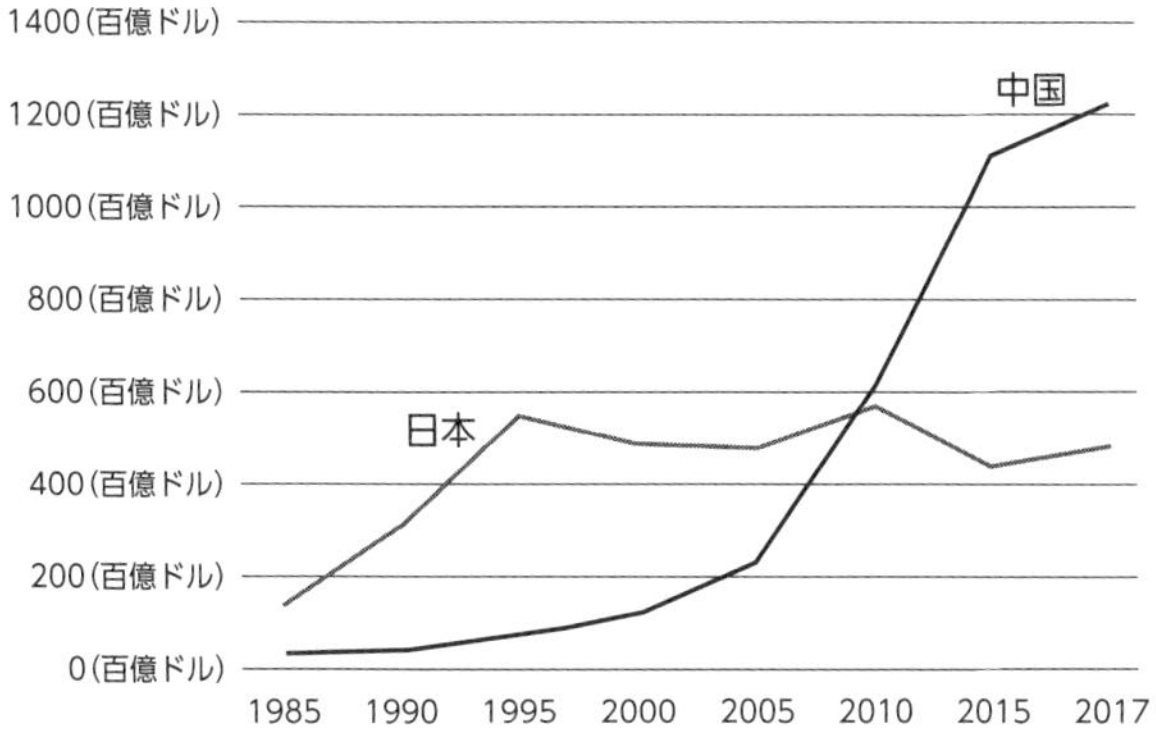

っていった。

図9をご覧いただきたい。

これは先に紹介した中国のＧＤＰの推移に、日本のそれを重ね合わせたものだ。

ご覧のように、80年代から90年代、そして、２０００年頃までは、日中経済格差は大きく、日本経済が中国経済を圧倒的に凌駕していた。

ところが、２００５年頃から中国が急速に成長しはじめ、デフレのせいで90年代後半からずっと足踏みしていた日本経済を猛追するようになる。そして、その猛追が始まってわずか5年が経過した２０１０年には、早々と中国は日本を抜き去ってしまうのだが、この中国の「猛追」が始まった頃から、日本人は急に中国を嫌い始めたのだ。

「嫌中」の心理学的メカニズム

日中の経済力が逆転するまでは、日本人にとって中国は「かわいそうな後進国」に過ぎず、「憐れむ」ような対象に過ぎなかった。だから、どれだけ中国が日本のことを反日的に攻撃してこようとも、ウザったくはあるものの本格的な脅威の対象国ではなかった。日本は中国のことを、常に「上から目線」で眺めてきたのであり、かわいそうだとか何だとか言いながら、結局は心のどこかで「小馬鹿」にしてきたのである。

ところが、2000年代中盤になってくると、これまでとは様子が少々変わってくる。日本が圧倒的に自信を持っていた経済の分野で日本は成長できない一方で、中国はどんどん勢いよく成長していったのだ。結果、日本人はその潜在意識の中で「俺たちが上、中国は下」という優越感が揺らぎ始めるのである。

つまり、日本人は、中国に対する優越感を持っていたのに、中国の経済成長のせいでそれが失われてしまうことに不安を感じ、その不安を〝手っ取り早く〟解消するために相手の「あら探し」をはじめ、「やっぱり俺たち日本は中国より上なんだ」とお手軽に安心するということを始めてしまったのである。こうして、嫌中の思想、というより気分が生み出され、拡大していったのである。

一般にこうした心理的現象は「認知的不協和」と呼ばれるもので、誰の身にも起こりうる普遍的なものとして心理学では広く知られているものだ。そもそも今まで信じてきたこととは違う事実が生じた場合、人々はこれまでの信念とその事実認識との間にある種の違和感、すなわち「不協和」を感じ、その不協和を何とかして解消したいという強烈な動機が産み出されてしまうことになる。その不協和を解消するためには通常、複数の方法が存在するのだが、人はしばしば、その中でも最も安易で〝手っ取り早い方法〟を採用してしまうことがある。

今回の場合で言うなら、日本は中国よりも上のはずだという信念が、中国の経済成長によって揺らぎ始め、大いなる不協和を感ずる状況に陥るのだが、その不協和を「安易」に解消する方法の一つとして、「中国のあら探し」をし始めてしまうに至るのである。

そして、中国がダメな理由を見つけては、「やはり俺たちの方が上なんだ」という長年持ち続けた中国に対する優越感を保持し続けようと（涙ぐましい、情けない）努力をし始めたのである。

つまり、嫌中ブームは、中国に対して客観的な国力の視点から日本が明確に敗北し始める中で、中国に対する長年にわたる優越感とプライドをどうにかこうにか保持し続けるための、社会心理学的現象として巻き起こったのである。

それはまるで、実力の無い没落貴族が、それでも俺たちは凄いんだと周りの人々に悪態をつき続けるという姿とうり二つだ。情けないことこの上ない話だ。

日本は「世界第2位」の地位を中国に譲り渡した

それではここで、改めて日本が中国に、客観的国力の視点から如何にして「敗北」していったのかを振り返ってみることにしよう。

まず第一に押さえておかなければならないのが、ＧＤＰだ。

日本は長らく、アメリカに次ぐ「世界第2位の経済大国」だったのだが、図9に明らかに示されている通り、2010年に中国に追い越され、「第2位」の地位を中国に譲り渡し、「第3位」に転落したのだった。

これが日本人のプライドを激しく傷付けることになった。

そもそも日本は、「政治三流、経済一流」などと自認してきた。

この前者の「政治三流」の根底には、憲法九条や日米安保条約によって軍事力が「去勢」されていればまともな政治など出来るはずもないという実態があるのだが、それはさておき、保守もサヨクも、日本の政治は軍事、外交のみならず内政においてすら、先進諸外国と比べれば誠に恥ずかしきことに「三流」と言わねばならぬほどに劣悪なものだという認識を持っていた。

そんな中、どういうわけか経済だけは素晴らしい勢いで発展し続けることができる、そして、あの世界の超大国アメリカを凌駕するまでには至らぬものの、世界中にあるそれ以外の200以上ある全ての国よりも大きく成長する、素晴らしい「一流」の経済力を持っている――これが日本のナショナルプライド、日本人としてのプライドの源泉となっていた。そしてそれをコアとして日本人としてのアイデンティティあるいは誇りを日本人は保ってきたのである。

そしてその「証し」こそが、「世界第2位の経済大国」という称号だったのだが、その証しが中国に奪われてしまったのだ。

そしてこのGDPが逆転した頃から鮮明になってきたのが「尖閣諸島問題」だ。

尖閣諸島問題：「領土侵略」のための中国からの「脅し」の常態化

尖閣諸島は言うまでもなく、日本の固有の領土である。そして、1968年の海底調査の結果、東シナ海の大陸棚に石油資源が埋蔵されている可能性が指摘されるまでは、尖閣諸島が我が国の領土だと主張する国家は、日本以外に存在しなかった。つまり中国も台湾も、日本の領土だと認識していたのだった。

ところが、そうした海底資源の可能性が指摘され始めたころからどういう訳か台湾が、尖閣は自国の領土だと主張し始めたのである。誠に浅ましきことこの上ない話であるが、その台湾を自国の領土だと認識する中国もまた、尖閣諸島が台湾のものであるが故に、それは中国の領土だと主張し始めたのである。

誠にもって滅茶苦茶な話であるが、それでもしばらくは、中国や台湾が、尖閣諸島を侵略しようとする具体的な動きは殆ど見られなかった。

その状況が変わるのが、中国が日本のＧＤＰを抜き去った２０１０年だったのだ。

図10は、海上保安庁が公表している、尖閣諸島周辺の日本の領海、ならびに、その周辺（接続水域）に中国の公船（すなわち、中国政府の船）が侵入してきた日数の推移だ。

ご覧のように、今となってはほぼ毎日、中国公船が侵入してくる状況にはなっているのだが、２００８年（平成20年）まではただの一隻も、中国公船は侵入してきてはいなかったのだ。そして２００８年に一度訪れた後、しばらく全く侵入はなかったのだが、２０１０年（平成22年）から、頻繁に侵入してくる状況となったのである。

この２０１０年に起こったのが、尖閣諸島における「中国漁船衝突」事件（海上保安庁が用いる名称は「中国漁船公務執行妨害被疑事件」）だ。この事件は領海に侵入した中国漁船を、日本の海上保安庁の巡視船が違法操業だとして領海外に出るように命じたとこ

図10　尖閣諸島周辺海域における中国公船の動向

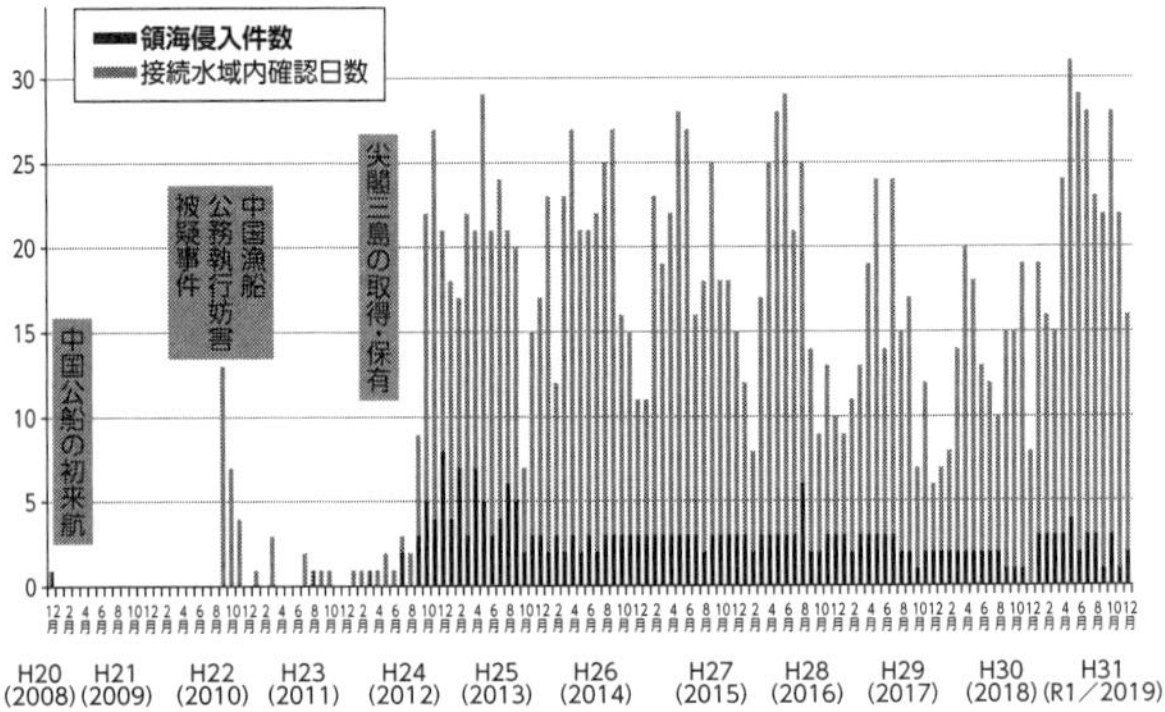

ろ、その中国漁船が巡視船に「体当たり」してきたのである。致し方無く巡視船は、その漁船の船長を公務執行妨害で「逮捕」したという事件だ。

これは明らかな日本の国の内側における外国人の犯罪であるから、海上保安庁は当然の対応をしたまでであるが、中国政府はこれに猛反発。「尖閣は我が国の領土だ」と主張しつつ、様々な報復措置を実施した。

・日本との閣僚級の往来を停止
・航空路線増便の交渉中止
・石炭関係会議の延期
・日本への中国人観光団の規模縮小
・在中国トヨタの販売促進費用を賄賂と断

定し罰金を科すとの決定
・日本人大学生の上海万博招致の中止
・中国本土にいたフジタの社員4人をスパイ行為容疑と称して身柄を拘束
・レアアースの日本への輸出差し止め（遅延）措置

これらを矢継ぎ早に実施した。

これらの中でも、このリストの最後に記した「レアアース」の輸入差し止めのインパクトは大きく、日本の産業への打撃は無視できるものではなかったのだ。

そしてさらに、温家宝首相は「われわれは（日本に対し）必要な強制的措置を取らざるを得ない」と発言し、更なる報復を仄めかした。そして、尖閣諸島が中国固有の領土であることをアピールするために公船によるパトロールを常態化させることを中国政府が決定するに至る。

こうした一連の報復措置に、時の民主党の菅直人政権は肝を冷やし、一気に腰砕けになる。そして菅首相は、このままでは自らが議長を務めるAPEC（アジア太平洋経済協力）に胡錦濤が来られなくなることを危惧し、「釈放しろ！」と部下に恫喝気味に迫り、周囲の反対を押し切る格好で釈放するに至る。その際、公表されたのは「わが国国民への影響や、今後の日中関係を考慮して、船長を処分保留で釈放する」という声明であった。

菅首相のこの狂乱的態度は当時、国民には隠蔽されてはいたものの、船長釈放の報を受けた国民はこの政府判断に激しく反発。菅政権のこの態度は事実上、尖閣は日本の固有の領土で「ない」ということを宣言したに等しいと多くの国民が激怒したからだ。

特に釈放後、中国漁船が日本の巡視船に「体当たり」してきている動画がＹｏｕＴｕｂｅに流出したことで、世論に火が付くことになった。その動画は、その船長が明らかな破壊行為を日本の巡視船に仕掛けていることを示すものであり、その釈放を正当化することなど絶対にできない犯罪の存在を証明するものだったからだ。

にもかかわらず、与党民主党は釈放は正当であったと言い募り、自民党を中心とした野党からすら日中関係のためには逮捕した船長を起訴することはいかがなものかという主旨の発言が相次いだ。

一方で中国は、日本の不当逮捕を糾弾、日本に謝罪と賠償を求めるという声明を公式に発表した。

日本国民にしてみれば、「泥棒が不法侵入したから捕まえたのに、その犯人が隣の家の権力者だったから、その権力者との関係をこじらせたくないという『親父』の勝手な自己都合で、何のおとがめも無く釈放させた」という話だ。だから政府、ないしは菅直人首相に対する激しい不信感と共に、中国に対する嫌悪の念が一気に拡大したのである。

そして、これが「嫌中」世論形成において大きな契機を与えることになったのである。

中国漁船衝突時件がもたらしたディープインパクト

この尖閣諸島における「中国漁船衝突」事件は、日中関係に重大な転機を与えた。

第一に、これを契機に、中国公船が尖閣諸島周辺に頻繁に出没し、侵入してくることとなった（図10）。

そして第二に、日中における尖閣の実効支配を巡るパワーバランスがこの事件を境に変わってしまった。そもそもこの中国公船の執拗な侵入は中国政府が日本政府に対して

「遠慮」しなくなったことを意味している。それまでは、尖閣諸島は日本の施政下に置かれた地域であると認識しており、中国政府も「手を出す」ことを憚っていたわけだが、今回の事件で、日本政府が「意外にも」弱腰であることが明らかになったことから「だったら、日本政府に必要以上に気を遣うのは止めて、徹底的に圧力をかけて尖閣を取りに行こう」という方針へと転換することになったわけだ。

つまりこの事件によって、中国政府は日本を「侮る」ようになったのであり、日中の国境でのパワーバランスにおいて、中国が日本を凌駕することになったのである。そしてこの転換後、中国は尖閣諸島への圧力を年々強め、今やもう、まさに中国に「侵略」される寸前の状態にまで至ることになったのである。

第三に、こうした日本の「弱腰外交」を目の当たりにした日本人が、「日中の外交関係において日本よりも中国の方が強い」という現実を目の当たりにしたことで、日本人のプライドが激しく傷付くことになった。今までは中国よりも日本の方が優位に立っていると漠然と思っていたのに、その認識が全く間違っていたという事実に日本人達が気付いてしまったのである。

第四に、しかし、その現実を認めたくない日本人は、この事件に対して激しく激怒し、一気に嫌中の念を過激化していった。

つまりこの事件をきっかけとして、中国は日本を侮り尖閣の領海に平然と侵入してくるようになると同時に、日中の外交パワーバランスにおいて中国が日本を凌駕していることが明らかになり、日本人の誇りが踏みにじられ、そして、それに耐えきれなくなった日本人が中国に対する嫌悪の念を深め、嫌中論が主流になっていったのである。

嫌中を加速させた様々な「嫌中ネタ」

このように、今日本の世論を席巻する「嫌中」の流れは、経済と軍事・外交において日本の優位性が中国によって「逆転」され、日本が中国の後塵を拝するようになってから一気に拡大していった、というのが、その基本的な構図である。そして、長年中国を見下してきた日本人、とりわけ「保守」と呼ばれる人々は、この中国よりも劣っているという状況に辛抱ができず（先程ご紹介した認知的不協和を低減させるという心理メカニズムに沿って)、何とか中国のアラを探し、中国はダメな国だと信じ込もうと努力し始めるに至ったのである。

そうした中国を嫌悪するために当時積極的に活用された初期的なネタは中国産食品や中国製品の安全問題だった。

日本の常識では考えられない劣悪な環境でつくられたそれらの製品は、文字通り「しゃれにならない」危険性があったことが次々と発覚し(毒入り餃子、など)、これが中国はダメな国だ、という認識を強化し、嫌中意識を駆り立てた。

その他にもコピー商品や海賊版などによる知的財産権の侵害もまた嫌中意識を大いに盛り上げたが、何にもまして決定的だったのが、日本に大量に訪れるようになった中国人観光客のマナーの悪さと中国人らによる犯罪の増加であった。

仮に中国を日本が軍事外交と経済のいずれもの側面で優越する状況にあってもなお、こうした劣悪な中国製品や観光客のマナーの悪さを目にすれば、嫌中感情が生ずることは当然のことだが、日本においては、先述のような「自分より下のはずの中国ごときが自分の優位に立っていることが許せない」という心理メカニズムがあったわけで、それによってより一層強く中国を嫌悪する心理が激化していくことになったのである。

事実、世界各国の世論調査によれば、世界中で嫌中意識は高まっているものの、我が国日本におけるその水準は、文字通りの「世界一」にまで至っていることが示されている。中国を好む割合が9％である一方、嫌う割合が実に86％に達している。その両者の差77％（＝86％－9％）はダントツの世界一である（出典：Unfavorable Views of China Reach Historic Highs in Many Countries、ピュー・リサーチ・センター）。

こうした嫌中世論は、ケント・ギルバート氏の『儒教に支配された中国人と韓国人の悲劇』（講談社）が40万部以上を売り上げるなど、中国をディスる書籍のベストセラー化からも伺い知ることができる。TVでも嫌中を前面に押し出し保守系の視聴者を狙った番組が高視聴率を取るようになっていったし、雑誌でも、嫌中を前面に押し出した誌面作りを行う雑誌が売り上げを伸ばしていった。

つまり嫌中は「儲かるビジネス」となったのだ。

しばしばこうしたビジネスは「愛国ビジネス」とも呼ばれ、中国をディスる一方で「日本ってホントは凄いんだ」というコンテンツも同時にマーケットを流通するようになっていった。たとえばテレビでは、『ＹＯＵは何しに日本へ？』（テレビ東京）等の、日本大好きの外国人に如何に日本が素晴らしいかを語らせる番組が人気を博すようになっていった。メディアを賑わしたかの森友学園も、保守派の父兄を対象にした「愛国」を商品化した子育てビジネスであった。

そして何といっても、その森友学園問題を生み出した安倍内閣こそ、日本の衰退と中国の超大国化を背景とした「愛国世論」の集大成として成立した内閣だったのだ。

「嫌中世論」が産み出した安倍内閣

安倍内閣が誕生したのは２０１２年の12月だった。

安倍晋三氏は、２０１２年の自民党総裁選の時、その選挙の直前まで総裁、そして総理にまで上り詰める候補者だとは目されてはいなかった。当時の総裁候補は石原伸晃氏か石破茂氏であった。

しかしそれはあくまでも自民党内部のパワーバランスであり、２０１２年当時の世論は完全に安倍総裁誕生を導く流れとなっていた。

当時の世論は、GDPの日中逆転と先に述べた尖閣諸島の「中国漁船衝突時件」によって民主党政権の日中友好の「親中路線」に対する不満が爆発寸前となる程に嫌中の波が大きなうねりとなっていた。そして、そんな民主党政権は、単なる親中に留まらず、中国に媚びる（親中を超えた）「媚中」政権として激しく嫌悪されていた。

そんな中で最も「嫌中」を打ち出したのは石原氏でも石破氏でもない安倍氏だった。安倍氏は第一次内閣において「戦後レジームからの脱却」を訴えていたが、そのスローガンはまさに、親中・媚中を真っ向から否定するものであった。しかも、安倍氏は嫌中路線の急先鋒であっただけではなく、文春新書から『美しい国へ』という、まさに人々の愛国心に訴えかける書籍を出版していた。

つまり安倍氏はまさに、当時世論が渇望していた「嫌中」および「日本はスゴイ国だ」という主張の両方を兼ね備えた政治家だったのであり、そんな「愛国」路線を、半ば戦略的とも言いうる形で徹底アピールしていったのだった。

しかも安倍氏は後に「アベノミクス」と呼ばれる大型経済対策を打ち出し（筆者はそ

のアベノミクスの根幹に本来位置されるべき、「第二の矢」としての財政政策のアドバイザーとして内閣官房参与に着任していた）、日本人の誇りの源泉であった「経済大国化」を目指すと主張しており、これもまた日本人のプライドを大いに刺激した。

かくして嫌中および愛国を渇望する世論の流れがピークに達していた2012年当時、安倍氏はまさに、そんな世論が渇望した選択肢を政治家としてその全身を使って提示したのであり、世論はその選択肢を熱烈に歓迎したのであった。

つまり安倍内閣は、嫌中が拡大していく時代の潮流の中で、誕生すべくして誕生した内閣だったのである。

そう考えれば、安倍内閣が誕生して即座に行ったのが「嫌中」の流れを鮮明に打ち出した外交であったということも、必然であったと言えるであろう。

安倍総理の「米国をはじめ東南アジア、ロシア、中東、ヨーロッパなどの重要な国々を訪れ、世界地図を俯瞰する外交を進めてきた」という当時の発言通りに、中国を取り囲む国々と連携を深め、中国と対立する姿勢を打ち出したのだ。

安倍総理自身はこうした外交を「中国包囲網」なるものを固めるためのものだと主張

した。言うまでもなく、「愛国ビジネス」を専らとするテレビ、新聞、雑誌はこうした「中国包囲」の方針を大いに歓迎し、安倍内閣は世論の高い支持を得るようになっていった。

安倍内閣自体ももちろん、こうしたメディアや世論の構図を明確に理解しており、したがってこの中国包囲網路線は以後8年間、紆余曲折を経ながらも継続していった。

たとえば米国を中心として推進された自由貿易協定である環太平洋パートナーシップTPPについても、愛国ビジネス側のメディアは盛んに「中国包囲網の一環だ」と喧伝した。そしてアメリカ、オーストラリア、インド、そして日本の4カ国のQUADと呼ばれる、「自由で開かれたインド太平洋戦略のための4カ国イニシアティブ」もまた、安倍総理主導で進められた。このQUADは、安全保障における協力関係を強化することを目的とするものであり、中国包囲網の主要な枠組みと位置づけられている。

こうして安倍内閣は「中国包囲網」を進める態度を示し続けた。そして、愛国ビジネスを推進するメディア各社は安倍内閣を徹底的に支援し、嫌中の気分を共有するいわゆる「保守」と呼ばれる大衆世論はそうした安倍路線を支持し続けたのだった。このようにメディアと世論、そして政権との三者が「嫌中」を通した三位一体の協力関係を築き上げることを通して、憲政史上最長の内閣が築き上げられていったのである。

いわば盤石の超長期政権であった安倍内閣は、中国という悪者のお陰で成立したのだ。逆に言うなら、中国という悪者、すなわち「ヒール」がいなければ、安倍内閣があそこまで継続できた保証は無かったとすら言えるのである。

「中国包囲網」という幻想

「嫌中」を機軸とした愛国ビジネス体制は安倍内閣の8年間で、ある意味「完成」したわけであるが、その内実は、そのポーズと裏腹に、中国に対して抗う、中国に徹底的に対抗するという種類のものではなかった。すなわちそれは、安倍内閣が実際に進めようとしていた外交を愛国ビジネスの視点から過剰に拡大解釈し、内実の伴わない「中国包囲網幻想」を、単なる虚構として作り上げたものに過ぎなかったのだ。

たとえば、安倍内閣は自由貿易協定についてはRCEP（地域的な包括的経済連携）という中国を含めた自由貿易協定を取り結んでいる。TPPを通して本気で中国を孤立させようとするならＲＣＥＰなど取り結ぶはずもなかったはずだ。ＴＰＰ＝中国包囲網という図式は、愛国ビジネスのメディア各社が産み出した単なる幻想に過ぎなかったのだ。

あるいは、新型コロナウイルスの関係で実現こそしなかったものの、安倍内閣は習近平主席の「国賓」としての訪日を画策すらしていた。愛国ビジネスのメディアは、それはあくまでも自民党内部の親中派議員らが画策していた話であって、安倍総理自身はそれを望んでいなかったという論調を繰り返したが、本気で総理大臣が中国と対抗しようと考えているのならば、そんな自民党内部の動きを封じ込めることができないはずなどない。要するに、安倍内閣は、中国と対抗すべきであるという意識を持ってはいるものの、本気で中国と対立しようなどとは構えてはいなかったのである。

事実、図10に示したように、中国の公船の尖閣周辺領海への侵入頻度は、安倍内閣下で圧倒的に増えてしまっているのであり、それが減少していく傾向などは一向に見られなかった。すなわち安倍内閣は、「嫌中」のコアにある尖閣諸島問題について何ら解決させることができなかったのである。

尖閣諸島は着実に中国によって「侵略」され「支配」され始めている

そもそも、安倍内閣が発足する前の2010年当時、かの中国漁船衝突事件が勃発した頃、中国漁船が尖閣諸島周辺に侵入するということ自体が、滅多にあることではなかった。だから当時の海上保安庁は、侵入してきた漁船に対して徹底的に領域外に出るように圧力をかけ、それに反発した漁船が追突するという事態に至ったのである。

しかし、それ以後、中国の漁船、さらには中国政府の公船の領海・接続水域への侵入頻度は増加していった。そして、海上保安庁も、かつてのように徹底的に圧力をかけること自体がどんどんなくなっていった。

そして今や、尖閣周辺は、日本の船と中国の船が同じように侵入し、停泊する状況に至っており、そこの様子を見る限り、そこが日本の領土・領海なのか、中国の領土・領海なのかが区別が付かない程の恐るべき状況が実現してしまっている。

図11をご覧頂きたい。これは、2021年の3月に撮影された尖閣周辺の状況だ。この写真には、日本の海上保安庁の巡視船に加えて、中国海警局の公船が尖閣諸島周辺の

図11　日本の巡視船よりも尖閣諸島により近い領海に侵入する「中国公船」

提供：株式会社日本文化チャンネル桜（2021年3月29日撮影）

日本領海に停泊している様子が映されている。筆者はこの前後の動画の様子を確認しているが、この写真に写っている海上保安庁の巡視船が中国公船に領海から出ていくように圧力をかけている様子は全くない。

つまり海上保安庁は、中国の海警局の公船が領海に停泊していることを黙認する状況がすでに存在しているのである。

しかも恐るべきことに、この写真に写されているように、日本の巡視船よりも、中国の公船の方が、尖閣諸島により「近い」所に停泊している。

これはつまり、日本の領土・尖閣諸島に近づくべく領海に侵入してきた中国の公船のその侵入を「阻止」し、領土・領海を「守る」というオペレーションを海上保安庁が「全く行っていない」ことを明白に意味している。

これならば、中国政府が、「我々の領土である尖閣諸島に対する日本の巡視船の侵入を阻止しようとするために、海警局の公船を派遣し、侵入しないように見張っているのだ」と説明したとしても、誰もその説明を否定できなくなってしまう。事実、中国公船は日本の船に対して電光掲示板等を通して、ここは中国の領海であり、外国船は退去せよという「命令」を出し続けているのである。

つまり、今やもう尖閣諸島は、日本だけが実効支配しているとは到底言えない状況にあるのだ。そこはもう、日本のみでなく、中国が実効支配する領域となってしまっているのが今の実態なわけだ。

そもそも2010年まで、尖閣諸島は我が国が完璧に実効支配をしており、中国の公船は全く訪れてはいなかった。したがってこの状況は、中国が明確に尖閣諸島に対して「侵略」を仕掛けており、その侵略行為が半分以上成功し、実態上の領有権を中国に譲り渡す状況に至っているのである。

言うまでもなく、こうした状況についての情報は、首相官邸に報告されていることは間違いない。にもかかわらず、安倍首相官邸は我が国固有の領土を守り切るための対策を、8年にもわたって怠ってきたからこそ、尖閣諸島が中国に半ば支配される事態にまで至ったのである。

そもそも菅直人総理が日本人に徹底的に嫌悪されたのは、尖閣諸島に侵入し、逮捕した漁船船長を、中国政府に対する配慮から「釈放」してしまったことが根本原因であった。尖閣諸島の領有権を巡る中国に対する弱腰が、日本人に徹底的に嫌悪されたのだ。しかし菅直人内閣は、中国の顔色をうかがって逮捕した中国人船長を国内法で裁く「主権」を放棄したのは事実だが、尖閣諸島の領有権そのものを放棄したわけではなかった。

一方で、安倍内閣は尖閣諸島の領有権という「主権」を、同じく中国の顔色をうかがって、事実上半分、放棄してしまったのである。そうである以上、菅総理よりも安倍総理の方が中国に対してより大きな主権を放棄したと解釈することもできるだろう。

しかし、（たとえば本書読者など、一部を除く）国民の大半は、その実態に気付いてはいないのが実態だ。そして国民が気付かない間に、尖閣諸島は人知れず、ただし、日本政府だけがしっかりと監視し続けている中で、真綿で首をゆっくりと絞められるように、着実に、中国の支配下に置かれていったのである。

中国を侮り尖閣を失いつつある日本

しかし、そんな尖閣における危機的状態について、愛国ビジネスを展開する保守系メディアは無視し続けた。本来、彼等が「保守」を標榜するなら、領土を守り切ることに最大の関心を寄せ、菅直人氏のように中国に対して弱腰な政治家を徹底的に批判してしかるべき――である。しかし、安倍内閣の弱腰外交を、彼等は一切責め立てなかった。

それは次のような理由による。

そもそも愛国ビジネスを展開するテレビや雑誌、新聞社が、「嫌中」を標榜しているのは、「日本の方が中国よりも上だ」という認識を持続させ続けることが（潜在的な実際上の）目標だ（彼等はもちろん、それを明確に意識しているとは限らない）。

思い出していただきたい。日本人が嫌中となったのは、「日本の方が中国よりも上だ」

という、戦後半世紀にわたって信じ続けてきた自己認識を保持し続けることが困難となったからだ。それが困難となったのは、GDPが中国に追い抜かれ、尖閣において日本が中国の圧力に晒されることになったことが原因だが、彼等は、そんな状況がありながらでも、どうにかこうにか「日本の方が中国よりも上だ」という認識を保持し、「中国を侮り続けたい」と願っているのである。だからこそ、中国人はマナーが悪いだの卑怯だのと言い募る一方、日本人は素晴らしいという事実ばかりをかき集めようとしたのだ。

これこそが愛国ビジネスの本質なわけだが、彼等にとって、本当に日本が中国よりも劣等である、ということを認めざるを得なくさせてしまう事実は、都合が悪い。

だから、現実の尖閣における中国の半実効支配状況は、保守系の愛国ビジネス側にしてみれば実に「不都合な真実」なのだ。

だから、安倍内閣はそうした尖閣における実態を支持率維持を目途として隠蔽しようとしていたということが仮にあったとしても、愛国ビジネス側の「保守系」メディア達も皆、その事実を「スルー」し続けたのである。

むしろ、その事実を報道したのは保守系メディアでなく、テレビ朝日などのサヨク系メディアであったのだ。一部保守系メディアは積極的に尖閣における中国の実効支配状況を報道したが、それは「愛国ビジネス」を主たる目的としていない場合に限られていた(「チャンネル桜」や「表現者クライテリオン」など)。

かくして今や日本のメディアの中心的存在と成りおおせた嫌中、愛国を機軸とする保守系メディアは、「保守」を標榜しながらも、尖閣の真実を適切に報道せず、隠蔽し続けるという異様な事態が生じてしまったのである(無論彼等は、尖閣は日本の固有の領土である、中国は圧力をかけるのを止めるべきだ、という主張は勇ましく繰り返しはするのだが、すでに中国に半ば実効支配され始めているという実態については、積極的に触れようとはしない)。

これは日本の尖閣における領有権を本当に守ろうとする立場の人間に取ってみれば、最悪の状況だ。尖閣における状況が年々悪化し続けているにもかかわらず、国民の大半がそれに気付かないのだから、それに対処しようとする世論も喚起されず、したがって、政治家達もそれに対応するための対策を図ろうとはしなくなってしまうからだ。

一方で、中国にとってみれば、これほど「おいしい」状況はない。日本からさして反発もされず、少しずつ尖閣の領有権を奪っていくことが可能となるからだ。

つまり──日本において、「中国を侮り続けたい」という動機に基づく嫌中意識が高まれば高まるほど、中国は結果的に利益を得続けることができてしまうのだ。

そして日本は、「嫌中」故に現実を無視して中国を侮り続け、その結果、尖閣を「実際」に失いつつあるのである。

「超経済大国中国」の現実を見ない人々

嫌中の根本的な動機が、現実を見ずにただただ中国を侮りたいというものであることの弊害は、尖閣を失うというだけに留まらない。

驚くべきことに、「経済大国日本」「技術立国日本」という認識を捨てたくないがゆえに、経済や技術の点から中国を侮ろうとして、日中間の巨大な経済格差を「さして大きなモノではない」と見なすような不条理な楽観論を生み出してしまっているのである。

その典型が「中国におけるGDP統計のウソ」というウソ話である。

この話を始める前にまず明言しておきたいと思うが、中国の統計にウソが多いのは疑いを入れない事実である。彼等の統計値には様々なツジツマが合わない部分があるのだ。しかし、いわゆる保守系論者の中には、中国の実際のGDPは公表値の3分の1程度しかないのではないかという極端な説を唱える方もおられるのだが、そこまでの水増しがあるとは到底思えない。

そもそも、中国の一流企業の初任給は今や、40万円、50万円程度もあることが知られている。この数値は誤魔化しようのない数字である。一方で、たとえば日本の一流企業であるトヨタの初任給は、20万円程度である。

すなわち、もうこの時点で「2倍以上」の格差があるわけである。

一方で、2017年時点の日本と中国のGDPの「公式な公表値」の差は（ドル建てで）、約2・5倍だ。初任給に2倍以上の差があったとしても不思議ではない格差だ。

あるいは、今でこそコロナ禍によって中国からの観光客は少なくなってはいるが、コロナ前には、日本中の観光地に中国人達が溢れかえっていた。そして、日本中の一泊10万円を超えるような超高級ホテルに、日本人よりも多い大量の中国人が宿泊していた。

こうした事実もまた、GDPの格差が約2・5倍程度あるという統計値とさして不整合ではない。

あるいは、「一帯一路」を標榜する中国は今や、膨大なチャイナマネーを周辺諸国に注入し続けていることは周知の事実であるし、昨今ではワクチン外交と称して、チャイナマネーを活用してワクチンを様々な国に提供することを通して、外交力を高めようと躍起になっていることも周知の事実だ。

ここでもし仮に、中国のGDPが日本の3分の1だと仮定すれば、日本の方が未だに中国よりもGDPが大きいと言うことになる。しかし、それでは、大学初任給が日中の間で2倍以上の格差があるという現実とは整合しないし、日本の超高級ホテルに大量の中国人達が宿泊していたという事実とも整合しない。しかも日本は今やもう大量のジャパンマネーを海外に注入し続けることも、ワクチン外交を展開する実力もない。

こうした現実を見れば、仮に中国のGDPが信頼性には怪しさがあるとは言えるとしても、それが公表値の3分の1程度しか無く、日本よりも中国の方が経済規模が小さいなどということは、到底考えられないのである。

ところが、中国のGDP統計は眉唾であり、本当の中国はもっと小さな経済力しか持っていない――という言説は、「中国を侮り続けたい」という動機を濃密に共有している保守系の世論においては大層に受けがよいのである。

これと類似した「愛国ビジネス」の商品として、「中国崩壊」ものがあり、これが様々な形で繰り返し繰り返し出版され続けている。

この点についても改めて申し述べておくと、中国の発展が盤石であり、リスクなど何もない、とは筆者もまた到底考えてはいない。とりわけ10年ほど前には、中国国内に途轍もない貧富の格差があり、政治的な不安定性が極めて深刻な時期もあったし、その経済構造が内需が弱く外需に依存し過ぎている傾向が高く、それ故に大きく経済が停滞するリスクがあったと筆者も考えている。

しかしだからといって、中国がいきなり日本よりも経済力が一気に低迷するようなことになったり、その技術力がいきなり凋落するというようなことがあるとはにわかには信じがたい。大なる可能性で中国経済は成長し続けるであろうし、その技術力も進歩し続けると考えざるを得ない。

すなわち、こうした「中国崩壊」に関する書籍等の出版が繰り返されるのもまた、「中国を侮り続けたい」という動機が保守系世論の中で濃密に共有されていることを反映したものなのである。

いずれにせよ、こうした「中国経済なんてたいしたことない」「その内、自滅するよ」という嫌中論に裏打ちされた楽観論は、日本にとって極めて危険なものだ。そうした気分が世論の中にある限り、中国を軽んじ、敵対すべき時にしっかりと敵対できなくなるからである。さらには、そんな楽観論に身を任せている限り、自らの経済力、技術力を向上させるための努力が、おざなりになってしまうことにもなる。

事実、第2章で見たように、すでに我が国のリゾート地や京都や箱根などの歴史的観光資源は中国人に買い叩かれ、それを使った中国人ビジネスが様々に展開されていると同時に、「メイド・イン・ジャパン」製品として世界にその名をとどろかせた富士通やNEC、三洋や東芝、パイオニアやレナウンといった一流企業の様々な製造部門が中国人達に買収され、そのノウハウ、技術、そしてその利益が中国人達に収奪され続ける状況に陥っているのが現実なのだ。

こうした現実から目をそらし、日本人達が脳天気に楽観的に考え続けていれば、日中の経済力の格差はこれからさらに加速度的にますます拡大していき、早晩絶対に埋めることのできない程の水準にまで巨大化していくことは間違いない。そうなれば、我が国にできることといえばもう、ただただ中国に媚びへつらって、その経済力の「おこぼれ」にあずからせてもらう以外何もない、という悲惨な状況へと没落することとなろう。

つまり尖閣問題、領土、外交問題のみならず、経済問題においてすら、日本人の薄甘い幼稚な「嫌中」意識のために、日本は自滅への道をまっしぐらに進んでいるのである。

こうした、かなりの確度で訪れるであろう最悪の悪夢を回避するために、我が国は一体どうすればいいのだろうか――本書の最後に、今、岸田内閣が絶対に取り組まねばならぬこの問題について、改めて考えてみることとしたい。

第5章 「抗中論」で独立し、世界秩序を形成せよ

親中と嫌中を乗り越える「抗中論」

中国は今や、アメリカを中心としたＧ７が脅威に感ずる程にその国力を膨張させ、世界中を経済、軍事、政治のあらゆる側面で蝕み始めている。そんな中で、中国の隣国である「旧・経済大国」日本は中国にとって搾取する対象として格好の餌食であり、今やリゾート地や観光資源のみならず、様々な一流企業が中国資本に組み込まれ、「事実上の経済植民地」へと日本が転落する直前の状況が実現しつつある。

そうした背景には、我が国日本の対中国の姿勢は、薄甘い日中友好精神を徹底的に是認する「親中論」か、徹底的に中国を侮り、小馬鹿にしながらただただ中国のことをディスり倒す「嫌中論」のいずれかしか存在しなかったという本質的な問題があった。親中論はあらゆるものを奴隷のように媚びへつらいながら中国に差し出すことを厭わず、嫌中論は、中国のパワーのあらゆる現実を無視し、ただひたすらに眼を閉じて日本は素晴らしく中国など何も怖くないと嘯《うそぶ》きつつ、中国の様々な侵略に対して何の手立ても講じようとしないからだ。

我が国にこうした単純極まりない親中論と嫌中論しかなければ、日本は中国にあらゆるものを吸い取られ、最終的に干物のように痩せ枯れた国へと没落していく他ない。

そんな悪夢の未来を避けるために何が必要かと言えば、親中でも嫌中でもない、超大国中国に「抗い」続ける姿勢を鮮明にした。

「抗中論」

なのである。

抗中論においては、親中論のように中国に媚びへつらいあらゆるものを中国に差し出すという愚かな真似を絶対にしない。その点においては抗中論は嫌中論と態度を共有する。しかし、嫌中論のように、自らの「ちっちゃな自意識」を守るために中国を侮り、その実力を過小評価することもしない。この点において、抗中論は親中論ともその概念の一部を共有する。しかし、一部の親中論者達が陥るような中国に対する過剰な過大評価をすることもしない。この点については、再び抗中論は親中論と一線を画す。

すなわち、抗中論は嫌中と親中のそれぞれが持つ不当な側面を削り落とすと同時に、嫌中と親中の双方が持つ正当な部分のみを抽出し、それらをバランスある形で整合させ

（＝弁証法におけるアウフヘーベンを図り）、中国の実力を過大評価も過小評価も行わずに適切に見積もり、媚びへつらうことも尊大に振る舞うことも無く毅然かつ謙虚に中国と対峙せんと目指すのである。

いわば、中国に対してあくまでも一個の独立した大人として振る舞わんと志す態度である。

いうまでもなく、こうした毅然かつ謙虚な大人としての振る舞いは中国に対してのみ求められているのではなく、アメリカに対しても、ヨーロッパ諸国に対しても、韓国に対しても、アジア、アフリカの国々に対してまた求められている国際社会の一員として当然中の当然の振る舞いである。そうした当たり前の態度を、今や世界の超大国にまで躍進しつつある、隣国、中国に対してもまた保持すべきだというのが、抗中論なのだ。

そしてこの抗中論こそ、現岸田内閣が標榜する「経済安全保障」政策の根幹に定位すべき基本思想なのである。

抗中論の二つの柱：尖閣防衛と経済成長

当方が考える抗中論の具体策には二つの柱がある。

一つが尖閣防衛であり、もう一つが経済成長だ。

すなわち、今、中国は日本に対して様々な形で「侵略」を進めているが、その侵略は大きくわけて、軍事的侵略と経済的侵略に分類される。

この軍事的侵略に対抗する最前線が「尖閣」であり、この尖閣を守る力を日本として身に付け、実際に守り切ることが、抗中論の一つの要となる。

一方、経済的侵略は土地や企業の中国による買収という形で着々進められているが、この買収を食い止め、再び買い戻し、再度日本のものとして発展させていくためには、チャイナマネーをはねのける「ジャパンマネー」の力が絶対に必要だ。今やグローバルな資本主義に参画した中国に抗うためには、マーケットにおける資本の力で中国を凌駕せねばならないからだ。そのために必須なのが、経済成長なのである。

しかも、ただ単に日本が経済成長すればよいというわけではなく、少なくとも「中国がたたき出している成長率と同程度での成長」を日本が遂げねばならないという点が重要だ。さもなければ、仮に日本が2%や3%の成長に成功したとしても、中国が、7%、8%と成長していれば、日中の間の経済格差はどんどん開いていき、中国による経済侵略を食い止めることができなくなってしまうからだ。これなくして中国に対する経済安全保障は覚束ないものとなる。

そしてここで「富国強兵」の理念を持ち出すまでもなく、経済が成長すれば尖閣を守り切る防衛力も増強される。防衛費を年々拡大させていくことが可能となるからだ。一方で、尖閣を守り切れる程の防衛力を我が国日本が身に付けることができれば、経済成長もより円滑に進めることが可能となる。中国、さらには、もう一つの日本に支配的影響力を保持し続けているアメリカなどの国々から日本を搾取しようとする様々な干渉を、日本の防衛的自律性が高ければ高いほどに撥ね除けることが可能となるからだ。軍事交渉と経済交渉は違うとはいえ、軍事的自律性が乏しければ乏しいほど、経済外交交渉においても強気に出ることが難しくなっていくからだ。

だから、尖閣防衛と経済成長は、一方を進めれば一方も加速するという、相互強化の関係を持っているのである。だから両者の推進について豊富な財源を確保しつつ、同時に推進していくことで、双方円滑にスパイラルアップしていく形で効率的な展開が可能となるのである。

日本の抗中論を国際連携で進めるべし　～G7におけるインフラ新構想～

以上は、中国からの軍事的、経済的圧力を撥ね除けるという意味での抗中論であるが、本来的には、中国の膨張を「抑え込む」ことも重要だ。たとえば、日本は中国と同等以上の経済成長率を確保しなければならないと指摘したが、中国が毎年たたき出している6％や7％といった成長率を持続させることは至難の業だ。無論、そうした高成長率を目指していくことも重要であるが、それと同時に、そんな中国の成長率を抑え込んでいく取り組みを考えていくことも重要なのだ。

そのために絶対的に求められているのが、本書冒頭で論じた、今年のコーンウォールサミットでのG7による香港問題、チベット問題、台湾問題を批判しつつ、インフラ新構想を通して中国を抑え込もうとする対中対抗策だ。そして日本は今、このG7の中国封じ込め戦略において、主導的役割を担っていくことが必要なのだ。

そもそもこのG7による対中対抗策は、G7としての抗中論をとりまとめたものである。そして、そんなG7の中で、中国の膨張による被害を最も直接的かつ濃密に受けているのが我が国日本である以上、このG7の抗中論の展開において、日本こそが最大の主導的役割を担わねばならないのだ。

したがって、本来ならば日本は、香港問題やウイグル問題に対して、政府からの批判声明の発出のみならず、国会決議を活用した非難決議を採択、さらには、経済制裁をかけていくという姿勢が必要だ。そして（後に詳しく述べるように）台湾問題において日本は主導的な役割を担っていくべきであることもまた当然だ。

ただし、こうした様々な対策の中でも（台湾問題対策と共に）特に重要なのが、中国の一帯一路による経済拡張主義に対抗するためにG7が打ち上げた、「インフラ新構想」に対する徹底貢献だ。

この構想は、第1章で解説したが、中国が今、道路や港などのインフラをつくりたがっている発展途上国に徹底的に資金を貸し付け、（自分が一帯一路で使いたい）インフラをつくらせ、借金漬けにして、首が回らない状態に追い込むことを通して、その国を準「植民地」にしていこうとしているという現状を踏まえたものだ。こうした中国による阿漕《あこぎ》な反社会的な高利貸し行為を止めさせるためにも、G7側が、発展途上国側に適切な金利と無理の無い返済計画を提示しつつインフラ投資資金を貸し付けていくシステムをつくろうというものだ。

このインフラ新構想において、ジャパンマネーと日本の建設業界の力は、G7にとって貴重な資産だ。しかも日本はこれまで、ADB（アジア開発銀行）という国際的な金融機関の設立を通して、一帯一路沿線各国に対して、インフラ整備についての貸し付け業務を行ってきたという実績を持っている。ODA（政府開発援助）の経験も豊富であり、こうした実績、経験もまた、G7にとって貴重な資産といえる。さらには日本は中国の隣国であり、一帯一路の沿線の国々とも地理的に近いという有利な点もある。だから、G7の対中対抗策の中でも、このインフラ新構想において日本が徹底的に主導的な立場を取っていくことが求められているのだ。

そしてそれは日本に多様なメリットをもたらす。

第一に、Ｇ７各国が狙っているように、それを通して中国の膨張圧力を低減させることができる。

第二に、豊富な資金の貸し付けとインフラ整備を通して、融資先の国々と外交関係をそれぞれ強化していくことに繋がる。

そして第三に、資金の貸し付けのみならず、日本の建設企業の技術力、建設供給力を提供していくことで、日本企業に利益が生まれることになる。そうした利益は、日本の成長にもちろん、プラスの貢献を果たす。

つまり、Ｇ７のインフラ新構想に積極的に貢献するという取り組みは、単なる世界のためのボランティアなのではなく、日本の国益を直接増進させる取り組みでもあるのである。だからこそ日本政府は、世界のためにも、そして日本のためにもジャパンマネーを出し惜しみすることなく、積極的に支出していく積極財政の姿勢が必要なのである。

日本の抗中論を国際連携で進めるべし　～日米同盟による台湾問題～

抗中論の一つの柱である「尖閣防衛」において、日米同盟は少なくとも今日においては絶対的に必要な要素だ。そもそも台湾海峡の死守を核心的利益の一つと捉えているアメリカにとって、尖閣の防衛は必須項目の一つだ。そしてその一方で、中国は尖閣諸島を台湾の一部と見なしている。

したがって、米中における台湾有事は、必然的に尖閣諸島もまた「戦場」となることは必至なのである。それゆえ、台湾を守るべしと考える米国にとって日本はもはや運命共同体に準ずる位置づけにあるのである。

とはいえ、台湾は日本にとっては文字通り目と鼻の先である一方、アメリカにとっては遙か遠い小さな島に過ぎない。したがって、米軍やワシントンがどれだけ台湾を守ることが重要だと考えていたとしても、世論は必ずしもそう認識するとは限らない。だから、台湾・尖閣有事に対する切実感は、アメリカよりも日本の方が圧倒的に高いはずだ。

しかも、中国は台湾攻略の「第一歩」として尖閣を事実上、「侵略」してくるというシナリオも十分考えられる。なぜなら、中国軍が尖閣に、高性能のミサイルを配置することで、最強の対中米軍、沖縄在留米軍の攻撃力を大幅に低下させることができるからだ。だから、台湾有事よりも、まずは尖閣有事が勃発する可能性があるのだ。その点においても、台湾・尖閣問題はアメリカよりも日本にとっての方がより切実な問題となっているわけだ。

だから、日本はアメリカがこの台湾・尖閣問題により真剣にコミットすることを企図して、様々な働きかけをアメリカに対して行っていくことが不可欠なのだ。いわば、日本が戦争に巻き込まれるのではなく、「日本が自国の領土の防衛の戦争にアメリカを巻き込んでいく」という積極的な態度が今、日本に求められているのである。

しかも、尖閣有事で侵略されるのはあくまでも日本の領土であるが、その日本の領土防衛のためにアメリカがわざわざ米軍の兵士の血を流すとは必ずしも限らない。さらには、アメリカが中国と尖閣での小競り合いを皮切りに万が一つにでもその戦いが拡大し、在日米軍にミサイルなどを打ち込まれて大打撃を受けるようなことがあれば（そしてましてや、本土の複数都市が核攻撃を受けるようなこととなれば）、それはアメリカにとって絶対に許容し難い重大な損失となる。だから、アメリカは、対中戦争を極力回避しようとする姿勢を、元来持っているのだ。

そうであるにもかかわらず、仮にアメリカが尖閣有事に協力する姿勢を見せることがあるとすれば、それは、尖閣有事において正々堂々と日本の自衛隊が尖閣に侵略してきた中国軍と戦う意思と実績を見せた場合に限られる。だからこそ、日本がアメリカを巻き込むためには、尖閣有事があれば自衛隊は必ず戦うという体制を整えておくことが必須なのだ。

そして――ここからが軍事戦略の要諦なのであるが――尖閣に手を出せば、日本が徹底的に戦う姿勢を見せ、それを通して米軍も参戦する可能性があると中国が予期すれば中国は迂闊《うかつ》に尖閣に手を出せなくなる。中国が尖閣に手を出すことが、中国にとって絶対に回避したいアメリカ軍からの攻撃を受けることを意味するからだ。

だからこそ、中国との戦争を回避したいのならば、日本は、尖閣を攻撃されれば絶対に反撃するという姿勢があることを、中国とアメリカに明確に「わからせておく」ことが必要なのである。そして言うまでもなく、その時の反撃は、中国にとっても大きな痛手となるのだと「わからせておく」ことが必要である。

つまり、尖閣での戦争を避けるために必要なのは、日本の尖閣における防衛力の増強と、侵略された時に確実に防衛出動を行うという法的体制の徹底構築の二点なのである。リアルな国際関係においては、戦う姿勢を見せることが常に戦争を呼び込むとは限らないのだ。戦う姿勢を「見せないこと」が逆に戦争を呼び込むのであり、戦う姿勢を見せることが平和を維持させ得るのである。

尖閣防衛における最大の急務はグレーゾーン対応

さて、以上を考えると台湾海峡、あるいは、尖閣周辺における軍事バランスが著しく失調しない限り、具体的な「戦争」が生じる可能性は必ずしも高いものではない、ということになる（繰り返すが、その可能性はもちろんゼロではない。しかもその戦争の可能性に対して日本がほとんど頓着しなくなった時に、米軍の参戦可能性が激減し、軍事バランスが失われ、戦争の可能性が不如意にも一気に高まるのだ——という「逆理」〈パラドクス〉が存在することを理解する必要が、今の日本に求められている)。

だとすると、中国が仕掛けてくるであろう、一番可能性が高い尖閣の略奪方法として今、真剣に危惧されているのが「グレーゾーン」を使った尖閣侵攻だ。

これは次のようなプロセスを踏んで尖閣を略奪しようとする手口だ。

まず、漁民に扮した職業軍人達が、漁船に乗り込んで尖閣に上陸を試みる。

日本側は、それはあくまでも「漁船」であり、「人民解放軍だ」と断定できないがゆえに――すなわち、その漁船は「シロ」ではなさそうだが「クロ」とも断定できない「グレー」の存在、つまり、「グレーゾーン」の存在であるがゆえに――自衛隊による防衛出動ができない。つまり、日本政府は軍事的な防衛戦をその漁船に仕掛けることはできない。

したがって、その「漁船」に対する対応は、海上保安庁による「警察権限」でしか対応できないということになる。しかし、海上保安庁は、漁船の上陸を邪魔立てすることはできるものの、完全に「阻止」することはできない。

かくして、漁船は首尾良く尖閣に上陸することができる。

一旦上陸すれば、船から出てくるのは、武装した職業軍人達である。

この時に対応できるのは、警察権限をもった海上保安庁の職員しかおらず、火器において武装軍人達に太刀打ちができない。

かくして、この瞬間から、中国の武装軍人達による尖閣諸島の「実効支配」が始まることになる。

中国政府は、この瞬間に、「我が国固有の領土である尖閣諸島に駐留する我々の軍に攻撃をしかける外国勢力があれば、我が国への侵略行為であると見なし、徹底的に抗戦する」と宣言する。

こうなれば、もはや時すでに遅し。どれだけ日本が中国に抗議をしようが、上記の宣言を繰り返すのみとなる。

そしてこの期に及べば、法律上、米軍は尖閣に手を出せなくなる。なぜなら、日米安保条約は日本の「施政下」にある領土の防衛についての戦争には米軍は出動できるが、上記の状態では尖閣は日本ではなく、中国の施政下にあると解釈可能な状況に変わっているからである。

これがわかったとき、日本は大なる可能性で、尖閣を諦めることになる。

もちろんここで、中国からの「中国領土に攻撃をしかける侵略だ」という激しい抗議にもめげずに日本の自衛隊が尖閣に攻撃をしかけることを政府が決断し、自衛隊が単独で戦闘を始め、その上で日本の自衛隊が勝利すれば、尖閣を再度奪取することができる。

しかし、それができない限り尖閣は中国に実効支配される時代が始まることになるのである。

——以上が、今、最も現実的に懸念されている、グレーゾーンを巧みに活用した、中国による尖閣略奪プロセスだ。

我々はこの最悪の事態も想定した上で、尖閣防衛を考えねばならない。

このために最も必要なのが、グレーゾーン対応の「法整備」なのだ。この問題は、令和3年の自民党総裁選においても重要な争点となり、法整備は不要だと主張していた河野太郎氏を抑えるかたちで、法整備が必要だと主張していた岸田氏が勝利し、総裁の座を射止めている。

すなわち、現状では、「敵軍の侵略が明らかになったとき」に防衛出動ができる、という法律になっているのだが、この法律の規制上、グレーゾーンで侵攻してきた「漁船」の上陸を阻止するための防衛出動ができなくなってしまっている。そしてその結果、上記の略奪プロセスを可能としてしまっている。

だから、防衛出動についての法的規制を、たとえば「敵軍の侵略が明らかになったとき」ではなく、「敵軍の侵略が明らかになったとき、あるいは、その危惧が真剣に懸念されたとき」という形に改定することが必要なのである。あるいは、法的運用の中で「明らかになる」という概念が、その可能性が真剣に危惧されることが明らかになった場合も含むという格好で運用改善を果たすことが必要だ。もしこれらが可能であれば、グレーゾーンで侵攻する漁船に対して防衛出動が可能となり、尖閣防衛の「穴」を塞ぐことができるのだ。

安倍内閣下で、安保法制問題が議論されたとき、この問題もあわせて取り上げられていたのだが、その法整備はなされずに放置されたままの状態になっている。

しかし、その法改正、ないしは、現行法の運用の改善は、今すぐにでも可能であり、それを妨げるものは原理的に存在しない。抗中論に基づく諸対策の第一歩として、我が国はまず、グレーゾーンに対応する安保法制体制の整備が不可欠なのだ。

デフレ脱却なくして「抗中」なし

グレーゾーンに配慮した法整備は、やる気になりさえすれば今スグにでもできるものだが、それと平行して今スグに始めなければならないのが、以下の四つを通した「デフレ脱却」だ。

①プライマリーバランス（PB）規律の撤廃
②コロナ禍完全終息までの消費税の凍結
③緊急対策としての粗利補償
④未来に対する危機管理投資

これら4提案は、過日、田原総一朗氏と共著にて出版した『こうすれば絶対よくなる！　日本経済』にて提案したものであり、詳細はそちらを是非ご参照いただきたいが、その概要を本著の文脈も踏まえながらかいつまんで解説すると次のようになる。

そもそも2021年8月現在、新型コロナ感染症と2019年10月の消費増税によって「令和の大デフレ不況」が我が国経済に襲いかかっている。抗中論の二本柱の一つが「経済成長」である以上、この状況を放置していては、我が国の「抗中」は永遠に達成されず、中国からの経済的、軍事的植民地支配傾向は、年々拡大していくことになる。

したがって、抗中を達成するためにも、この大デフレ不況の脱却は絶対的な必要条件だ。

では、このデフレ不況を脱却するために何が必要かと言えば、「内需の拡大」すなわち「消費と投資の拡大」以外に道はない。なぜなら、現下のデフレ不況は、消費増税によって国内の消費が冷え込むと同時に、新型コロナ感染症の拡大によって消費も投資も大幅に冷え込み、日本国内の内需が激しく縮小したことでもたらされたからだ。

そして、内需（消費と投資）の拡大に向けて政府が直接的に最も効果的、効率的に実効できる取り組みは、「政府支出の拡大による消費と投資の直接拡大」である。わかりやすく言うなら、現下の令和デフレ大不況は、消費増税とコロナのせいで人々がおカネを全く使わなくなってしまったから生じたものであり、この状況では誰かがおカネを使わない限り不況が終わることはない……のであるから、政府が大量のおカネを日本国内で使えば、この不況は終わる、ということだ。

竹中・小泉による構造改革と自由貿易の推進完全な失敗

なお、平成の30年間、竹中平蔵氏や小泉純一郎氏等が、経済成長のためには「構造改革」や「自由貿易の推進」が必要だと触れ回り、そうした取り組みを（菅義偉内閣にいたるまで）散々繰り返してきたが一向にデフレは脱却しなかった、という点をここで申し添えておこう。

この点は「新自由主義からの転換」というスローガンの下、岸田総理が総裁選の時に繰り返し強調した点でもあるのだが、なぜ彼らが失敗したのかといえば、それは次のような理由による。すなわち彼等は、現在の不況の原因が「内需不足（消費と投資の不足）だ」という当たり前の診断をしておらず、日本型経営が古くさいから成長できないとか、日本人が内向き志向だから成長できないのだと、まるで現実を見ないで「妄想」でもって経済不況の原因をイメージしていたからに他ならない。

構造改革をどれだけ行ったところで供給（各マーケットへの参入業者など）が増えこそすれ、内需は増えないし、自由貿易を推進すればするほど、日本国内の市場にトイザらスなりアフラックなりファーウェイなりＩＢＭなりアマゾンなりグーグルなりが入って、日本人の所得が「吸い上げ」られてしまい、内需を拡大するどころかかえって縮小させていったのが実情なのである。むしろ小泉・竹中改革路線（現在では、菅・河野・アトキンソン・竹中改革路線）は内需を縮小させ、デフレ化を加速する他なかったのである。

そうではなく、デフレ脱却のために必要な内需の拡大のために必要な取り組みは、先に挙げたＰＢ規律凍結、消費増税凍結、粗利補償、投資拡大の４点からなる４提言なのである。

借金拡大を恐れない姿勢こそが経済成長の大前提

まず、ＰＢ規律凍結とは、政府が今、自らに課している支出制限を撤廃する、という意味である。この方針は、令和３年の自民党総裁選の折、岸田氏は必ずしも主張していなかったが、現自民党政調会長の高市氏が明確に打ち出していたものであった。また、令和3年の総選挙においては、与党はいずれもこの方針を打ち出さなかったものの、立憲民主党は明確に公約として掲げていたものでもあった。ここにPB規律のPB（プライマリーバランス）とは、政府の財政収支、つまり税収から政府支出を差し引いた値のことを意味する。なお、PB赤字分は、政府は国債を発行することになるので、PB黒字化目標とはつまり「国債発行ゼロ目標」、さらに言うなら「政府の借金ゼロ目標」なのである。

さて、政府は今、このPBという財政収支の赤字を毎年削減していき、2025年には黒字化することを「政府目標」としている。それはつまり、2025年には、政府支出は、税収以下に抑えることにして、基本的に「国債」の発行（＝政府の借金）は行わないようにする、ということを目標にしているのである。

一見、政府が借金しないようにするという目標は至極まっとうで道徳的、倫理的な目標のように思える。しかし、政府と家計は全く違う存在だ。

家計は、親の代で借金をして、それを子供につけ回しするのは、大変に不道徳な振る

図12 イギリス・アメリカ・日本の政府の「借金総額」の推移

イギリス 政府債務残高（億ポンド）

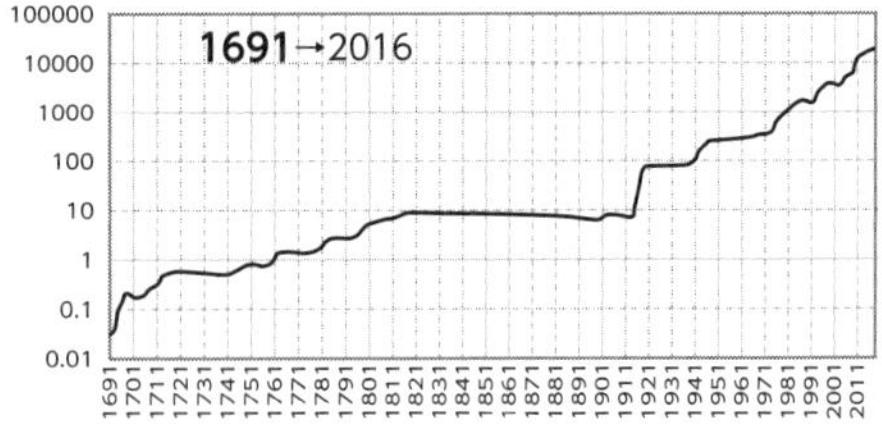

出典：Bank of England, Public Sector Debt Outstanding in the united Kingdom

アメリカ 政府債務残高（億ドル）

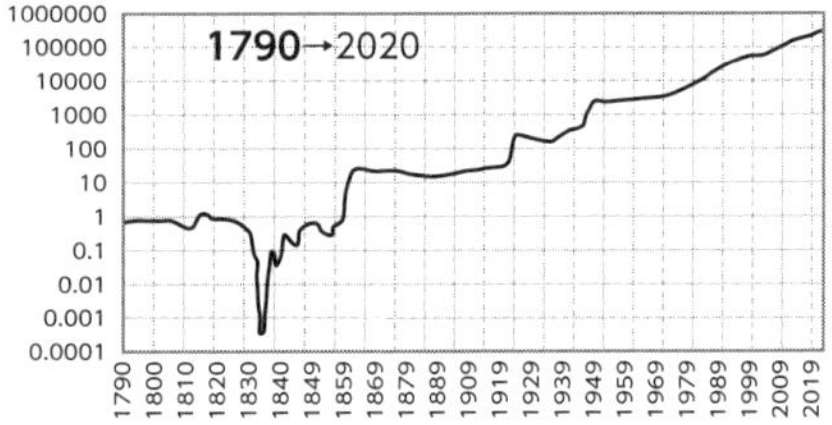

出典：U.S.Treasury Fiscal Data, Historical Debt Outstanding

日本 債務残高（億円）

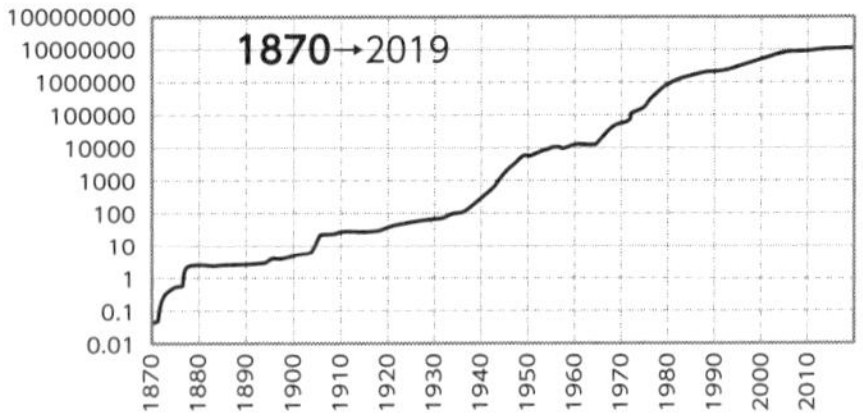

出典：1972年まで大蔵省（1974）『財政金融統計月報』第270号；1973年から大蔵省・財務省『国債統計年報』

舞いだと一般に言える。

ところが、政府が借金し、その借金総額が増え続けていくことは、何も不道徳なことではない。

実際、アメリカもイギリスも近代政府が誕生して以来、前ページの図12に示したように（政府が安定した期間に限れば）一貫して、借金を増やし続けている。

日本では、毎年毎年、「日本の政府の借金過去最高！」という煽り記事の見出しで、借金が増え続けていることをさも大問題であるかのように扱い、借金総額をいち早く減らしていき、ゼロに近づけるように国民皆で辛抱して頑張らなきゃいけない、だからこそ、プライマリーバランスは黒字化を目指すべきだし、そのためには消費増税も仕方ないのだ――という主旨の報道が繰り返されているが、そんなことをやっているのは日本だけなのである。

この図12をご覧頂ければ明白なように、資本主義発祥の国イギリスでも、世界最大の経済大国アメリカでも、基本的に政府の借金は年々増加し続けているのであり、毎年毎年、「政府の借金過去最高！」という形で新記録を更新し続けているのである。

これはつまり、政府というものは、経済が成長していくにしたがって借金を拡大し続ける存在だ、ということを意味している。というよりもむしろ、経済が成長していくためには、政府の借金は増え続ける「べき」なのであり、したがって、ＰＢは赤字であり続ける「べき」なのである。なぜなら、たとえば我々が使っている「一万円札」は、そもそも日銀が刷った紙幣を政府が国債を発行して「借り」、そしてそれを何らかの形で政府が投資したり給付したりしてはじめて、私達国民の手元にやってくるからである。

つまりあっさり言うなら、政府が借金してくれた分が、そのまま私達国民に供給してくれた貨幣量なのである。経済成長のためには、私達国民がオカネ持ちにならないといけないわけだから、政府による貨幣供給が、成長のために必須であり、したがって、政府の借金が拡大することが、経済成長にとって不可欠なのである。

そしてだからこそ、経済成長を目指し続けているアメリカもイギリスも、毎年毎年、借金を増やし続けているのである。

――とはいえ、こういった話を初めて耳にした方は、あまりにも常識からかけ離れているので、にわかには信じがたいかも知れない。

しかし、そういう方こそ、今一度、図12をご覧いただきたい。

成長し続けているイギリス、アメリカは、決して政府の借金を減らそうなぞと一切していないのであり、むしろ増やし続けているのだ——という現実をしっかりとご認識いただきたい。

そして、以上のロジックがわかりにくかった方は157ページから今一度読み返していただきたい。そしてさらに関心がおありの方は、先に紹介した拙著『こうすれば絶対よくなる！　日本経済』、あるいは、この問題を「MMT（現代貨幣理論）」というキーワードを使いながら徹底的に解説した拙著『MMTによる令和新経済論：現代貨幣理論の真実』をご一読いただきたいと思う。

消費税凍結と粗利補償でコロナ禍を終わらせろ

現下のコロナ禍では、人々が自粛を繰り返し、消費も投資も大幅に下落している。その結果、各企業の売り上げが激減し、その結果、労働者の賃金も下落してしまい、ますます消費、投資が冷え込むという悪循環（いわゆる、デフレスパイラル）が生じてしまっている。

この悪夢のデフレスパイラルを終わらせない限り、デフレ脱却も経済成長もあり得ない。これを終わらせるための「前提条件」「必要条件」が、消費税の凍結であり、デフレ脱却と経済成長のための「十分条件」が③の粗利補償だ。

これらの取り組みは残念ながら与党の自民党・公明党は総選挙時にほとんど主張されることは無かったが、野党の立憲民主党や国民民主党はこの提案にかなり近い公約を掲げていた。

まず、②の消費税の凍結は、消費の拡大を確実に導く取り組みだ。そもそも消費税は、消費者にしてみれば全ての商品の価格を一律10％「値上げ」するものである。商品の価格が上がれば、経済学の基礎理論が教えてくれるように、そして常識で考えても明白なように、それを買う人が減る。つまり、消費税は消費を冷え込ませる強力な効果を持つ。実際、97年の5％増税時も、14年の8％増税時も、そして19年の10％の増税時も、いずれも消費が大幅に冷え込み、それを通してリーマンショック級の激しい経済低迷効果、デフレ化効果をもたらした。

　この事実はすなわち、消費税を減税、さらには凍結すれば、消費が爆発的に拡大することが確実であることを意味している。消費税の減税・凍結は全商品の値下げを意味しているのだから、それも当然の話だ。

　したがって、消費税の凍結はデフレを終わらせるための前提条件・必要条件に位置づけることができるのである。

　一方で、③の提案における粗利とは法人や店舗における売り上げから仕入れ品の原価を差し引いた利益のことだ。この利益が減少すれば、賃金も家賃や光熱費も全て十分に払えない……という事態が生じてしまう。だからこそ、政府が国債を徹底的に発行して資金を調達し、それを各法人に配布することを通して、各法人が失った利益（粗利）を補償し埋め合わせ、それを通して賃金が下落することを回避し、家賃や光熱費が何の心配もなく支払える状況を創出するのである。

　こうした取り組みは今、イギリスやアメリカ、フランスなど主要先進国で軒並み採用されている。２０２１年度8月時点では10万円の給付金を一度こっきりしか配布していない日本政府も、そうした諸外国の取り組みを参考に粗利補償を徹底的に行うことが、デフレ脱却と経済成長、そしてその先にある抗中論の実践において必要不可欠なのである。

安全保障投資で経済成長をさらに盤石なものにすべし

以上で四提言の内の三つを解説したが、最後の提言が「危機管理投資」だ。この提案は、令和3年次の自民党総裁選の時に高市早苗候補が明示的に打ち出しており、かつ、岸田総理も総裁選時に同方向の主張をしていたこともあり、総選挙時に自民党の公約に一定程度取り入れられていたものでもある。

①~③を通してデフレを脱却させ、経済衰退軌道から成長軌道へと乗せることができたとしても、たとえば新たなパンデミックが襲ってきたり、首都直下地震や南海トラフ地震が起こったり、あるいは北朝鮮有事やそれこそ尖閣有事等が起こり、日本国内の産業基盤が大打撃を受けるようなことがあれば、日本経済は再び成長できない事態に陥ってしまうことになる。

そうした危機を回避するためにも、地震や津波、洪水や高潮、パンデミックや地政学的有事やテロ、さらには世界恐慌などあらゆるリスクを想定した上で、そうしたリスクを耐え忍ぶことができる能力、すなわち、「強靱性」（レジリエンス）を確保するための取り組みが、経済成長、そしてそれを通した抗中論の展開にとっては必要不可欠なのである。

とりわけ抗中論の展開にとって必要なのは、尖閣有事を想定した、海上保安庁や海上自衛隊を中心とした自衛隊の能力の抜本的拡充である。これさえできれば、理想的に言うのならば、米軍の力を借りずとも、中国の尖閣に対する脅威に対抗できるようになるのだから、抗中論において何よりもまず、必要な危機管理投資は、こうした海上護衛・防衛体制構築のための投資なのである。

そして、こうした投資を急いで進めれば、それは勿論内需を拡大することになるのであり、それだけでデフレ脱却、経済成長を加速する帰結をもたらすことになる。したがってこうした危機管理投資は、様々なリスクを見据えながら徹底的な国債発行を通して可及的速やかに推進していくことが必要なのである。

デフレが続く限り抗中論も戦後レジームからの脱却も皆不可能となる

以上、抗中論の具体的な内容として、グレーゾーン対策と、デフレ脱却のためのPB規律凍結を皮切りとした各種の内需拡大策、そして最後に、直接的な尖閣有事対応のための自衛隊と海上保安庁の能力の抜本的増強が必要であることを述べた。

これができれば、我が国は抗中が具体的に実現できるばかりではなく、日本の「真の独立」がぐっと近づいてくることになる。

そもそも我が国は、大東亜戦争後に取り結んだサンフランシスコ講和条約によって、独立国家となったと一般に言われているが、これは真っ赤な「嘘」なのだ。

サンフランシスコ講和条約と同時に締結されたのが、日米安保条約なのだが、これは基本的に、日本に軍隊を持たせず、自主防衛能力を剥奪することを目的とした体制なのである。こうした体制は一般に「戦後レジーム」と呼ばれるが、要するに安全保障についてはアメリカ軍が対応するというタテマエにしておいた上で、日本に軍隊を持たさないで、日本を完全に封じ込めようとする体制なのだ。

第一次安倍内閣は、この「戦後レジーム」からの脱却を最大の目標として設定していたのだが、残念ながらそれは実現できなかった。第二次以降の安倍内閣でも、その脱却が期待されたのだが、残念ながらそれも実現しなかった。

なぜ安倍内閣には戦後レジームからの脱却が達成できなかったのかといえば……それは、日本がデフレ不況にあえいでいたからに他ならない。

日本がデフレであり続ける限り、デフレの定義からして日本の未来は暗く沈み込むものにしかならない。なぜならデフレとは、GDP、すなわち経済規模が下落していくことを意味するものだからだ。そんな状況の国は、成長し続ける中国やロシア、さらには北朝鮮に早晩対抗できなくなるのは明白だ。これらの権威主義国家の軍事的脅威が周辺に存在するのが我が国日本である以上、憲法九条があろうがなかろうが、我が国はそうした権威主義国家から軍事的に脅され、侵攻される事態を防がねばならない。

それにもかかわらず日本人が自分で自分を守れない体制が続けば、安保体制におけるアメリカへの従属性、依存性を高めていかざるを得なくなってしまう。どれだけ「日本は独立するのだ！」と叫んでみたところで、内実が伴っていないのだから、それは単なる「口だけ」の空疎な言葉にしかならない。

その結果、我が国はデフレが続けば続くほど、戦後レジームに固執し、アメリカにおんぶに抱っこのまま、守って下さいとアメリカに卑屈に媚びへつらい続ける他、なす術がなくなってしまうのである。

つまりデフレが続く限り、日本は戦後レジームからの脱却など夢のまた夢とならざるを得ないのである。そしてこれこそが、憲政史上最長の安倍内閣がその継続期間全ての時間を費やしても戦後レジームの脱却という、安倍内閣において最大の目標が達成できなかった根本的理由なのである。安倍内閣はデフレ脱却に失敗したからこそ、戦後レジームからの脱却にも失敗したのである。

ただし、日本が落ちぶれきって、アメリカにとって安保体制を続けていても何の利益もないという状況になった時、日本はアメリカに「捨てられる」という形で米軍への隷属という形での戦後レジームは終わりを告げるだろう。

しかしそうなった途端、日本はチベットやウイグルや香港、そして台湾のように、中国は一気に「飲み込んでいこう」とすることは火を見るよりも明らかだ。日本を実質的な植民地にするかどうかは必ずしも定かではないが、アメリカという「親分」を失った日本に対して、より実質的な植民地政策を推進し、徹底的に搾取していく体制を作り上げていくであろう。

つまりデフレが続く限り、アメリカ主導の戦後レジームが当面続く他なく、そして、早晩そのレジームがアメリカに見捨てられることを通して終わりを告げたとしても、今度は中国に隷属化させられるという、「抗中論」が完全なる敗北を喫した後、さらなる悪夢が待ち構えていることになるのである。

こうした状況を踏まえれば、日本の抗中を具現化させ、さらには、アメリカ主導の戦後レジームから脱却し，「真の独立」を達成するためには、デフレ脱却が全ての前提中の前提となるのである。

では、デフレ脱却が叶えばそれを契機として如何にして、日本の戦後レジームからの脱却と、国家としての「真の独立」が達成できるのかについて、本書の最後に改めて描写しておきたいと思う。

ＰＢ凍結を皮切りとして戦後レジーム脱却に至るプロセス

まず、ＰＢ規律や消費税の凍結、さらには危機管理投資の拡大を通してデフレが脱却できれば、日本のＧＤＰが拡大していくこととなる。

そうなれば、尖閣諸島の防衛能力は飛躍的に向上していくこととなる。

これを一番疎ましがる国は言うまでもなく中国だが、これを一番喜ぶ国はアメリカだ。

アメリカがかつての冷戦において戦ったソ連は、アメリカよりも圧倒的に経済力が低い国であったから、その戦いにはかなりの「余裕」があった。

しかし今、アメリカが戦う新しい冷戦における敵国・中国は、アメリカの経済力とほぼ同等の水準にあり、かつ、早晩アメリカを追い抜くのではないかとも予想される超強力な経済大国である。したがって、アメリカには、この対中冷戦における「余裕」が全くない状況なのである。

だから今、アメリカは世界各国の安保体制を維持するのに、それぞれの地域における同盟国の中でも、中心となる国家に、それぞれの地域における「安保ハブ」となってもらいたいという戦略を構想している。

この構想は一般に、「地域安保ハブ構想」と言われ、かつてのアメリカ一国主義の安保体制とは全く異なるものである。

この地域安保ハブ構想では、欧州のハブはドイツであるように、極東のハブを日本に仕立て上げようと考えているのである。

日本はこうした状況を把握した上で、アメリカのこの「極東地域安保ハブ構想」に同調し、積極的に自ら極東における安保ハブになるのだと宣言し、尖閣防衛力を中心とした防衛力を増強する努力を重ねればよいのである。

そうなれば、日本の抗中力はますます向上すると共に、極東における軍事的自主性を、米国から「サラミスライス」のように徐々に徐々に引き継いでいくことが可能となるのである。

そうなれば、アメリカの意向も汲みながら徐々に戦後レジームから我が国日本が脱却していくことが可能となるのである。

そして、この取り組みを長期的に粘り強く続けていけば、アメリカを中心とした世界各国から、日本が自主独立することが世界の脅威である中国を封じ込める上で何よりも大切であり重要だと認識されることとなろう。

こうなったとき、世界に望まれる形で、憲法九条は改正され、日米安保条約の片務性（すなわちそれは、日本の隷属性）を解消することが可能となるだろう。

つまり、本章で論じているデフレ脱却に基づく抗中論の展開は、戦後レジームからの脱却と、「真の独立国家」に繫がる、日本国家の大戦略でもあるのである。

……以上が筆者が構想する、こうした抗中論からの真の独立に向けた一連の戦略であるが、これを実現するには、言うまでもなく、これを実現せんと志す、胆力ある内閣が誕生することが必要不可欠だ。

はたして現岸田内閣は、そうした「胆力ある内閣」たり得るのだろうか。

筆者は必ずしもそれが絶対不可能だとは思っていない。しかし、それが必ず可能であると楽観することもまた無理であると考えている。

なぜなら岸田内閣は、戦後レジームからの脱却の絶対条件であるデフレ脱却ができるとは思えないからだ。デフレから脱却するためには、デフレ脱却までPB規律を凍結することが必要なのだが、岸田内閣はそれを主張してはいないからだ。自民党総裁選の岸田氏の対立候補であった現政調会長の高市早苗氏は、まさにそのPB規律凍結を主張していたのだが、総裁選に敗北してしまった。結果、自民党においてPB規律凍結論が封印されることとなった。

しかしながら、岸田総理は「危機対応においてPB規律を時限的に凍結する」とは主張している。今のところ岸田総理は「デフレ」を危機だとは認識していないようであるが、もしもその認識が改められることがあるとすれば、岸田総理の主張は高市氏のそれと同じものとなる。そうなった時はじめて、岸田内閣はデフレ脱却を果たし、戦後レジームからの脱却の「入り口」に立てることになる。

はたして岸田内閣はその一縷の望みを実現させる細い道を進むことができるのだろうか……？　もちろんそれは現時点では分からない。しかしもしも、岸田総理がその細い道を歩み出すのなら、心ある国民はそれを全力で支援しなければならない。しかしもしも、それが出来ぬとするなら、我々国民はまた、デフレ脱却から戦後レジームからの脱却を目指す新しい「胆力ある内閣」の実現を企図せねばならない。

我々日本国民は、そんな内閣を誕生させることができる力を未だに保持し得ているのであろうか……それは一人一人の我々日本国民の胆力にのみ依存している。すなわち、我が国は最悪の奴隷国家に堕落するのか、それとも、誇りある真の独立国家に成りおおすことができるのかを決するのはやはり、我々日本国民の認識と意志なのである。

【付録】日本を蝕む中国の「対日世論工作」

軍事力を極限にまで高め、米国との覇権争いに負けない実力を身に付けつつある中国。軍事力は、外交関係の最後の最後の手段であり、平時においてはそれを直接行使して諸外国から利益をむしり取るということはない。しかし、そんな軍事力をバックに置きながら、中国は鉄砲玉やミサイルが飛ばない形で、「情報」を駆使したソフトな攻撃を四六時中、米国、そして我が国日本に仕掛け続けてきている。それは、要するに「世論工作」と呼ぶべき攻撃だ。

そんな世論工作は今、軍事力による影響力「ハードパワー」、文化的社会的情報による影響力「ソフトパワー」と呼ばれるものとは別の、「シャープパワー」と呼ばれる新しいタイプの攻撃手段として着目されている。

本書の最後に、中国がこのシャープパワーを駆使した世論工作を、どのような手口と戦略で展開しているのかを巡って議論した内容を紹介することとしよう。こうした中国からのシャープパワーに抗うためにも、中国が日々展開している各種世論工作の実態をしっかりと認識いただきたいと思う。

〈出席者〉

小原凡司……笹川平和財団上席研究員。1985年防衛大学校卒業、1998年筑波大学大学院（地域研究修士）修了（修士）。1985年に海上自衛隊入隊後、回転翼操縦士として勤務。2003年〜2006年駐中国防衛駐在官。2006年防衛省海上幕僚監部情報班長、2009年第21航空隊司令、2011年IHS Jane's アナリスト兼ビジネス・デベロップメント・マネージャーを経て、2013年に東京財団、2017年6月から現職。

桒原響子……日本国際問題研究所研究員。1993年生まれ。大阪大学大学院国際公共政策研究科修士課程修了（国際公共政策）。笹川平和財団安全保障事業グループ研究員、外務省大臣官房戦略的対外発信拠点室外務事務官、未来工学研究所研究員を経て、現職。未来工学研究所客員研究員、京都大学レジリエンス実践ユニット特任助教を兼務。著書や共著に、『なぜ日本の「正しさ」は世界に伝わらないのか：日中韓熾烈なイメージ戦』（ウェッジ）、『AFTER SHARP POWER：米中新冷戦の幕開け』（小原凡司と共著、東洋経済新報社）。

藤井聡……本書著者

日本外交にも「勢力＝他を服従させる勢いと力」の概念が必要

藤井　戦後の日本外交は、ＧＨＱの占領統治から始まる、対米従属を全ての基本として展開されてきました。もちろん、サンフランシスコ講和条約を１９５１年に取り結んだ時から、日本に「主権」が戻ってきたと一般的には言われますが、憲法と安保条約と日米地位協定の三位一体の制約のために事実上、自主防衛ができない以上、フルスペックの主権があるとは言えない状況に長らく置かれています。そうした経緯の必然的帰結として、我が国は、自律・独立した国家として諸外国と適切な大人の関係、と言うべき適切な外交を展開する「能力」を根本的に失ってしまいました。

しかし、戦争の時代であった昭和から、戦争を絶対回避するような平成を経た今、「麗しき調和」を意味する令和の時代をつくりあげるのには、国家の自律・独立をコインの一面として、そのコインのもう一面の「適切な外交」を展開していく能力を身にまとわねばなりません。

近現代の外交政策において何よりも重要な基本方針は、「勢力均衡」（バランス・オブ・

パワー）と呼ばれる概念です。

これは、自国と様々な国々との「勢力のぶつかり合い」においては、必ず問題の完全解決などは望めず、結局はどこかで均衡状態が得られることになる。そうした現実をしっかりと見つめながらも、可能な限り自国が有利となる状況を目指していく、という外交方針です。

ここで重要なのは、勢力とは何か、という一点。そもそも、勢力とは、「他を服従させる勢いと力」を意味するもの。

したがって、勢力均衡外交を目指すなら、専守防衛ではダメなのです。そもそも全ての近隣諸国が、多かれ少なかれ日本の中で勢力を拡大しようとしている。つまり、日本を何らかの意味で服従させようとしている。だから、もしも日本があらゆる意味で先方に勢力を伸ばそうとせず、ただただ守ろうとしているだけなら、その均衡は必ず日本側が後退するところで落ち着くことになる。だから、今の日本を本当に守ろうとするのなら、こちら側も外国側に勢力を伸ばそうとする意志と実践が必須なのです。それがあって初めて、日本は外国と対等の立場になるのであって、初めて日本を守ることができる。

つまり、外国が日本に勢力を伸ばそうとしている状況下では、こちらも同じように振る舞わない限り、日本を守ることなどできないわけです。

このあたりの認識が、事実上のアメリカの保護領、準植民地である日本では、全く認識されていない。ついては今日は、外交・安全保障がご専門の研究者で、自衛官の経験もお持ちの小原凡司先生と、その小原先生の下で外交の研究をされて、外務省でパブリック・ディプロマシー（以下、ＰＤ）のお仕事をされ、今は京都大学レジリエンス実践ユニットの特任助教をされている桒原響子さんと、「勢力均衡」を目指すこれからの日本の外交の在り方を、具体的、実践的に議論していきたいと思います。よろしくお願いします。

小原　今日はよろしくお願いします。今、藤井先生がおっしゃった「勢力」というのは、外交・安全保障の議論でよく使用される「パワー」と呼ばれる概念を指すものだと思います。定義はいろいろありますが、もしその行使がなければ相手が取らなかったであろう行動を取らせることができる影響力、と言うことができるもの。とりわけ「服従」というのは、非常に広い意味を持つもので、たとえば「何かを変えようとすることを止めさせること」、もまた服従に含まれます。しかし、これも今まさに藤井先生がおっしゃったように、日本の国内では、外国を服従させることを企図した「勢力」を議論すること自体がタブー視されてきた。

また、安全保障というと、伝統的な安全保障の軍事的なところばかりが強調されがちですけれど、日本の安全を保障するためには、日本の持てるありとあらゆる資源を使わなければならないはずです。しかも軍事力でさえその根源は経済力であるということです。そして、相手の行動に対して影響を及ぼすのは軍事力だけでなく経済力とそれを背景にしたソフトパワーです。そして、それを明確に意識したパブリック・ディプロマシーも大切です。

今の外交に、パブリック・ディプロマシー（PD）は必須

藤井　通常、外交、ディプロマシーというと、政府対政府のかけひきですが、ＰＤというのは、政府が外国の世論に「直接」働きかけ、自国を利するように、その国の世論を

変えていこうとするものですね。

小原　そうです。これはまさに今、中国がアメリカに対して仕掛けているものです。アメリカは、今、様々な意味で中国が「冷戦」を仕掛けてきていると認識していますが、中国のアメリカに対するパブリック・ディプロマシーによる世論工作、さらには、議会工作等も冷戦の一環だと考えている。アメリカはこれを、アメリカの民主主義に対する挑戦であると言っています。民主主義国家は権威主義国家のように世論を力ずくで誘導するということがないものですから、そこにはどうしても脆弱性がある。中国はそこをついてきたというわけです。

それが今、アメリカでは、ソフトパワーを超えた「シャープパワー」だと言われている。

ソフト（言語、文化等）とハード（経済、軍事等）の間のシャープというわけです。さらに、米中がパワーを行使し合う領域は、柔らかいものから硬いものへと変わりつつあると。

私も「米中新冷戦」という言葉をよく使いますが、この象徴的な事象が、アメリカおよび中国が、市場原理ではなく、政治的な理由で、しかも法的な手段を使って市場をブロック化しようとしていることです。たとえば対中関係だと、中国を潰すのではなくて中国との間でのパワーの均衡を保つ、文字通りの勢力均衡を目指そうとする議論が一般的だったわけですが、今では、議会やそれを推す経済界は、より対中強硬に傾いてきている。つまり、アメリカは勢力均衡を超えて、アメリカに挑戦できなくなるまで中国を弱体化させるのだと考えているということです。

藤井　たとえば、今のファーウェイに対する対応などがその典型なわけですね。

小原　はい。ですから、今の議会はどちらかというと、相手を叩き潰すところまで行こうとする勢いがある。たとえばアメリカの商務省は電子デバイスの中国との取引に関して規制を打ち出してきていますが、そうした動きに対してどう振る舞うのかを日本も考えなければならない時期に来ている。日本はアメリカと一緒になって中国を潰す方に行くのか、それとも、現実主義的に日本は中国とも経済活動があるから、アメリカと距離を置くのか。

私は、日本には日本の、アメリカとは違う国益があるという前提での独自外交が必要だと思う。ただし、それを考える上でも、今の米中新冷戦は、単なる軍事的抑止力の均衡でなくて、本来はソフトパワーを用いるパブリック・ディプロマシーから、よりハード・パワー寄りの経済の分野にまで広がる、中国のシャープパワーをめぐる攻防もあるんだという流れは押さえておく必要があると思います。

日本のパブリック・ディプロマシーの現状

藤井　そのシャープパワーを使ったＰＤの実態についてですが、おそらく今の多くの読者、国民は、十分に認識していないと思うんですね。ついては、その辺りをいろいろご研究されてきた桒原さんから是非、お話しいただければと思います。

桒原　よろしくお願いします。まず、ＰＤというのは伝統的な政府対政府の外交ではなく、政府対相手国世論の外交です。つまり、世論に対する外交ということで「パブリック」、「公共」という言葉がついているわけですが、それは、相手国の世論に直接政府が働きかけることで世論を味方につける、つまり心と精神を勝ち取る外交です。

藤井　外国の国民に働きかけるということですね？

桒原　左様でございます。こういった外交手法が今、世界で注目されています。そして今、日本でも世界の流行に遅れればせながら乗って、外務省がその担い手となって、進めようとしています。ＰＤは日本では「広報外交」や「広報文化外交」などといわれます。外務省にも「広報文化外交戦略課」が設置され、第二次安倍政権下の２０１５年度以降には、毎年７００億円程度のＰＤ予算がつけられＰＤの取り組みが展開されています。他方、中国はＰＤを広報文化外交と訳さず「公共外交」という直接的な表現をしています。この二者の訳し方の違いからもわかるように、中国は世論に影響を与えることに重きを置いているのです。

日本は安倍政権下で政府の政策広報や文化交流、人物交流等に力を入れるようになりましたが、中国は、より以前から政府広報や文化交流、孔子学院による中国語教育、人物交流、国際放送等あらゆる手段を駆使しつつ、経済協力等も進めながら、アメリカをはじめ、アジア、アフリカ、欧州等のあらゆる国や地域の世論を味方につける努力を払ってきています。

藤井　日本の外務省広報文化外交戦略課は英語では何と言うんですか。

桒原　「パブリック・ディプロマシー・ストラテジー・ディビジョン」と言います。

藤井　だとしたら、それって、完全に誤訳ですよね。だったら日本も中国と同じように公共外交課と訳さないといけませんよね（笑）。しかも、その英語を見た外国の人も勘違いしますよね。外国の人は、日本の「パブリック・ディプロマシー・ディビジョン」は、外国の世論に手を突っ込こんで変えてやろうという意志を持った組織なんだ、と思うに決まってますよね。でも全然違うんですよね？

桒原　「広報文化外交」は、確かに中国や韓国が「公共外交」と表現していることに鑑みれば特徴的な訳出かもしれません。日本が「文化」面での対外発信を重視していることが訳出から読み取れるからです。実際は幅広い活動がされています。ソーシャルメディア等も駆使した対外発信をはじめ、ソフトパワー外交、有識者等の人物交流、国内外のシンクタンクとの連携、「ジャパン・ハウス」（ロンドン、ロサンゼルス、サンパウロに拠点を置く）の運営、海外の親日派・知日派の育成事業等を中心に対外発信の取り組みが展開されています。その中には、もちろん日本の政治、外交上の立場、たとえば領土・

主権、歴史認識の分野において、日本の認識や姿を伝えていこうという取り組みも展開されています。これは、中国や韓国がアメリカをはじめとする国際社会で日本の主張とは異なる、いわば反日的な発信を続けており、国際社会における日本の立場が不利になりかねない環境を構築していたことが背景にあります。

しかし、最近では、たとえば中国のシャープパワーやディスインフォメーション（偽情報）等の脅威に見られるように、外交・安全保障面での新たな課題にも注目するようになりました。こうした脅威は、たとえ現場レベルで認識されていても、実際の政策に活かされているとは言い難いのが現状です。ＰＤを含めた日本のコミュニケーション力は、ソフトパワーに偏向する側面があり、安全保障の要素が十分ではないという問題を抱えています。

中国の「中央統一戦線工作部」主導のＰＤの実態

藤井　ちなみに中国に公共外交課とかいうものがあるんですか。

桒原　中国でパブリック・ディプロマシーの主導権を握り、表向きの政策決定を行っているのは、国務院直轄機関の「国務院新聞弁公室」という組織です。これは、中国の新聞、放送、インターネットを統括する長官級の組織です。国務院新聞弁公室は、中国共産党中央宣伝思想工作領導小組弁公室でもあります。これの組織上の上部組織は中国共産党中央宣伝部で、業務上の上部組織は中国共産党中央宣伝思想工作領導小組と宣伝部です。また、中国共産党中央委員会直轄の「中央統一戦線工作部」といわれる組織もまた、中国のPDとは切っても切れない関係にあります。

藤井　そりゃスゴイ名前ですね。中央統一戦線工作部、って、もうそのまんまの名前ですね（笑）。

桒原　「統戦部」と呼ぶことが多いです。海外の華人に統一戦線を組ませる活動をしています。一般に、パブリック・ディプロマシーの主戦場はアメリカだといわれます。中国もそれをよく理解しており、アメリカにおいて、いかにアメリカ市民、世論を中国の味方にして自らの政策を有利に進めるかを重視しているのです。

藤井　なるほど。ちなみに中国以外で、アメリカ国内でPDを積極展開している国はどこがありますか。

桒原　一つには、韓国でしょうか。中国は共産党一党統治体制の下、ＰＤに潤沢な予算や人材資源を自由に使えるという強みを持っていますが、韓国の強みは、いわゆる韓流ブームがアジアを中心に世界に広がっていることです。韓国政府が韓国のエンタメ企業の活動を強力に後押ししているという構図です。これとは別に、日本との関係では、たとえば、慰安婦問題について日本の主張を非難するための活動の一つとして、アメリカ系韓国人が全米各地で慰安婦像や慰安婦碑を設置しています。この問題をめぐって中国は、韓国側と共通利益がありますから、背後でうまく連携、共闘しているといわれるのです。

藤井　「アメリカ善玉、日本悪玉、アジア被害者」っていう、いわゆる「戦後レジーム」を心理学的に強化して、中韓の利益を拡大しよう、という話ですね。

桒原　そうですね。

小原　中国の統一戦線工作部の任務は国内外の華人に統一戦線を組ませることで、「統一戦線」というのは、中国共産党の領導の下に党外各派の連携を指すわけですから、まさにそういうことです。

藤井　なるほど、統一ってそういう意味だったんですね⁉

小原　統一戦線を組むんですよね、いろんな所と。ですから、アメリカに住む華人やアメリカで活動する中国メディア等と統一戦線を組み、アメリカの世論を自分たちの味方につける。そして中国はお金に物を言わせた工作を極めて活発に行っている。たとえば、ニューヨークのタイムズスクエアの巨大なスクリーンを借り切って、中国の広告を流し続けるとか。

桒原　典型的なPDです。他にも、アメリカには「CCTVアメリカ」がありますが、これは、中国国営の中国中央電視台が2012年にアメリカ国内に作った放送支局です。

藤井　TV局に影響を与える、とかじゃなくて、まるまる一個のTV局を作っちゃったわけですね（笑）。

桒原　はい。中国が重視したのが、第三者発信というもの。つまり、中国人は表に出さず、主要メディアや地元メディア等での経験のあるベテランのアメリカ人を呼んできてニュースを制作しています。ニュースの顔となるキャスターもアメリカ人です。このように表向きには、アメリカのニュース番組にしか見えないように見せ方を工夫しながら、うまくお茶の間に溶け込む努力を続けているのです。

小原　一見して、完全にアメリカの普通のニュース番組にしか見えないわけです。ですから視聴者がそれを見て中国の番組だとわからないんですよね。これだけのことができるのはやはり、中国に潤沢な資金があるからです。

慰安婦像等の「アイコン」を使った韓国のPD

小原　一方で、韓国の方はそこまでの予算はありませんが、「アイコン」、つまり「象徴的なもの」を上手に使って世論工作を図ります。たとえば慰安婦像などをアメリカでも設置をしています。お金はないけど、どんどん人の注目を集めるようなアイコンを作るわけです。

桒原　しかもこの問題は、欧米では人権や女性の権利の問題であると解釈されます。昨今、人権や女性の権利は、アメリカを中心に国際的に重要視されています。韓国は、こうした世界的な関心事や動向をよく理解していますから、この分野での対外発信に努力を払います。実際、これまで日本が歴史認識をめぐる問題で自らの主張を展開すると、アメリカのリベラルなメディアなどが日本を厳しく非難するという事態が相次いでいました。

ところで、中国の統戦部は、さまざまな活動を展開しているといわれていますが、現地の華人や中国人留学生を通じて工作を行っているともいわれます。また、アメリカには多くの中国人留学生がいますが、その関連では科学技術分野などでの「頭脳流出」の問題が深刻だとの見方が強まっているほどです。中国人留学生との関連では、「中国学生学者連合会」といった組織の存在も指摘されています。

藤井　アメリカ国内に、ですか?

桒原　はい。この組織は統戦部の管理下にあり、アメリカ国内の中国人留学生を統制し、中国の海外浸透工作の一部を行っているといわれています。こうした活動も「シャープパワー」だと指摘されるようになりました。ただ、これは新しい手法ではありません。シャープパワーという言葉が使われ始める前から、中国は海外で、ＰＤを含め浸透工作を進めてきています。

ソフトパワーを超えた「シャープパワー」

藤井 ところで今、アメリカではどの辺がソフト以上の「シャープ」だと言われているんですか。

桒原 シャープの概念は２０１７年末にアメリカのシンクタンク「全米民主主義基金」（ＮＥＤ）が報告書で「シャープパワー」と呼んだことが背景にあります。同報告書は、「世論工作」や「歪曲した情報」は、文字通り「鋭い」「浸透する」という意味から、「シャープ」であると主張しています。

藤井 なるほど。ホントの情報ならソフトパワーだけど、明確な工作意図をもって、自国を利するデマやウソを流すようなソフト戦略は「シャープ」だというわけですね。いわば、昨今言われているポストトゥルースだとかフェイクだとかの外交版、ＰＤ版が、シャープパワーだというわけですね。

桒原　そうです。悪意のある工作は基本的には「シャープ」としてカテゴライズできる、ともいわれます。

藤井　なるほど、だとすると、次のようにPDを捉えることができそうですね。まず、古代ギリシャで民主主義が生まれた時、デマゴギーやソフィストたちも同時に生み出された。皆で政治判断をする以上、その政治判断を自分にとって都合のいいものに歪めようとするやつが必ず出てくる。だから民主主義が生まれれば、白を黒、黒を白というような詭弁をベースにしたデマを流して世論形成をしようとする勢力が必ず出てくる。その最たる例が、第二次世界大戦期のドイツにおいて、国民啓蒙・宣伝省の大臣のゲッベルスが徹底的に行ったプロパガンダですし、日本でも、たとえば大阪ではいわゆる「大阪都構想」なるものを旗頭とした政治勢力があからさまなデマとウソを流布して勢力拡大に成功しています。民主主義は、こういうデマとプロパガンダとは切っても切れない深い関係があるわけですが、その世論工作手法が外交の文脈で使われ出した、というところが斬新なところなんですよね。

桒原　そうなんです。

小原　ただ、同じようなことをやっても、この全米民主主義基金の定義によると、権威主義国家が行った場合はシャープパワーなんですね。

藤井　なるほど（笑）。

小原　なので、そこはほぼ中国と名指ししているような定義になっていると。これはアメリカの危機感の表れだと言えると思います。

桒原　そして、中国と並んで警戒されているのが、ロシアです。

藤井　なるほど、彼らも権威主義国家ですからね。

桒原　ロシアの場合は中国のＰＤと比較すると、文化交流にせよ国際放送にせよ巧妙で戦略的とは言い難いのですが、情報空間を使った介入戦略には長《た》けています。たとえば２０１４年のウクライナ危機ではサイバー戦や情報戦といった非軍事的手段を組み合わせたハイブリッド戦を展開しました。また、２０１６年の米大統領選挙でのロシアゲートではトランプが勝つような工作を仕掛けたとされていますね。

藤井　ちなみに、ＰＤの中には、日本の外務省なんかがやってるとてもぬるい、文化外交みたいなものも含まれますよね。だとすると、そういうぬるいものでない、明確な悪意に基づいてデマやウソや詭弁を使って世論工作を仕掛けるタイプのＰＤが、シャープパワーだと定義できるわけですね。

桒原　もともと中国は、ＰＤの一環として、有名なパンダ外交やピンポン外交をはじめ、言語教育機関である孔子学院を全世界で設置したり、近年は国際放送に力を入れたりしてきたわけですが、現在の手法は、ソーシャルメディアを活用するなど、新たな動きも見られます。その中には欧米を強硬に非難し、自らの正統性を主張する内容の発信も見られます。明らかに従来のＰＤが重要視するところのソフトパワーや相手国の声を聞くという意味の「傾聴」の概念から逸脱しているということで、これはシャープパワーだという格好で警鐘を鳴らされ始めてしまった。そして最近では、中国の外交官による強気な発言や発信は「戦狼外交」ともいわれているのです。

小原　もともとは、ソフトパワーを使ったものがＰＤだったわけですけど、中国の最近のＰＤが使っているのは、単なるソフトパワーじゃなくて、別のものを使ってるじゃないか、ということになっている。その別のものがシャープパワーだ、ということになったわけです。

つまり、ＰＤの中にもソフトパワーを使うものとシャープパワーを使うものの二つがある、とも言えますね。ただ、違法な手段を用いたものは、もはやＰＤとは呼ばないのでしょうけれど。

日本は戦後一貫して「悪意あるＰＤ」に晒されてきた

藤井　ところで、ＰＤについてのお話を聞けば聞くほど、日本に対して、悪意あるシャープパワーを使ったＰＤというものが、戦後一貫して仕掛けられ続けてきたんだなぁと改めて思います。そもそも、ポツダム宣言というのは、「完全武装解除」が完了するまで連合国が占領して、きちんと武装解除が確認できた段階で、独立を認めてやる、というものでした。で、それを受諾したわけですから、ＧＨＱの占領下で、武装解除がなされたのはもちろんのこと、その武装解除状態を「永続」させるための仕組みとして、憲法や関連法が整備された。

そしてその一環として、「戦後レジーム教育」が学校でもメディア上でも徹底的に展開された。WGIP（ウォー・ギルト・インフォメーション・プログラム）がその典型ですが、とにかく、戦争した日本は悪い国だ、という教育が朝から晩まで繰り返された。一方で、アメリカこそ善玉だという教育、世論工作が徹底された。

その結果、日本社会では常に、アメリカにとって非常に都合の良い世論が形成されるものになった。実際、日本のTV局関係者、政府関係者、政治家たち、財界人等の要人たちの大学やCSIS等のシンクタンクへのアメリカ留学はアメリカに好意的な世論形成に甚大な影響を誇っています。ちなみに、私の学位論文の指導教官もアメリカ人でした（笑）。

さらに言うと、ロシアのKGBが、日本の多くの新聞社などのマスメディアの関係者や、主要な政党の政治家たちを、ハニートラップ等を通して工作員化している事例などは、ロシアの亡命者ミトロヒンの資料で明らかにされている。同じようなことが、中国や韓国、北朝鮮の国家意志の下で行われている証拠は様々にあることでしょう。

つまり戦後日本は、周辺の近隣諸国の、シャープパワーとしてのPDにさらされ続けてきた、と言えると思うんです。PDという言葉ができるはるか昔ではありますが。

小原　世論工作は、もちろん各国ともに行うものだと思いますので、そういう意味では、日本が世論工作の対象になっていたのは当然だと思います。特に1950年代、ソ連がまだ日本は社会主義化できるんじゃないかと思っていた頃は、積極的に働きかけていましたし、もともと北方領土の問題もソ連が柔軟な姿勢を示したのは懐柔できると思っていたからだと思います。

藤井　共産主義化するに当たっての餌だったわけですね。

小原　そうですね。そういった意味では、日本の世論をソ連に寄せるという様々な工作がされていたと思いますし、その一方、アメリカはアメリカで日本が共産主義化しないような世論工作を含めた活動がされていたと思います。また、そうした意図的な活動を除いても、アメリカ文化の魅力は圧倒的だったでしょう。そういったことはずっと影響として残っていると思いますけれども、幸か不幸か、日本人があまりそれを意識しないまま来てしまっている。

藤井　ホント、何にも意識してないですね（笑）。

小原　しかも安全保障の議論自体がタブー視されてましたよね。

藤井　だから結局、日本では、アメリカとソ連が好き放題に世論工作を互いにやり倒したわけですね。まさにシャープパワーに基づくPD天国のような状況だった（苦笑）。

小原　その結果、当初は、どちらかが一方的に強くなりすぎなかったということもあって、世論がどちらかだけに一方的に流れなかったということにもなったわけです。

藤井　いわゆる「五五年体制」っていうのは、米ソの日本に対するPD合戦の賜《たまもの》でできあがったわけですね。誠に情けない。

小原　ただ、結局はやはり、自由民主主義、人権の尊重といったような価値観が日本人にも広く受け入れられるようになった。その結果、アメリカが主導してきた国際社会の一員としてやっていくんだというコンセンサスができ、世論が形成されたわけです。そこはアメリカがソ連に簡単に譲らなかったわけですね。もう一つは朝鮮戦争の影響が大きかったと思います。

やはり、そこで経済的に日本が非常に大きな利益を得たことによって、アメリカと組むことに対する、アメリカとの同盟関係に対する支持というものが広く日本人の中に植え付けられたのではないかと思います。

外国の「悪意」に基づく工作に全く無頓着な日本

藤井　ところで、こんな戦後日本で起こったような現象というのはよその国でも見られるんでしょうか。それこそジェノサイドと言われるほどの大空襲や原爆投下までやられたにもかかわらず、その直後から征服者に対して肯定的な態度を形成するというのは、世界史的にどれほどあるものなんでしょう。

小原　これはドイツもそうですけれども、敗戦国というのは一般的に、統治者の統治や政策が失敗したからそうなったんだという責任論になると思うんですね。そういった感覚があるからこそ、戦前の統治者を排除する。そして、その悪い統治者の代わりに新しくアメリカ的な自由や民主主義を与えてくれた、これでようやく解放された、という感覚を持つ人が多かったんでしょうね。

藤井　それにしても、本当に日本はきれいにメディアが諸外国の影響を受けてしまってる状況なんですね。しかも、そういう外国からの世論工作に対するアレルギーも全くと言っていいほどない。

先ほど少し触れましたが、ミトロヒンアーカイブスという、ソ連崩壊直後にKGBの工作員であるミトロヒン（Mitrokhin）がコンテナ数箱分の資料を持ってイギリスに亡命したわけですが、その資料をケンブリッジ大学のインテリジェンス研究センターで徹底分析をして、それをミトロヒンアーカイブスという2冊組の本として出版した。その中に「ジャパン」という章がしっかりあるんですが、それを見ると、有名新聞の多くにKGBのスパイがいることが、コードネームや名前も晒される格好で掲載されている。自由民主党の中にも社会党の中にもKGBのスパイがいるというのが出版されている。昔の話とはいえ、極めて生々しいもので、僕はその部分を邦訳してネットに掲載してるんですが、これが全然問題になっていない。

でも外国だったら大問題ですよ。それこそ、スノーデンが凄まじいショックを社会に与えたわけで、あの映画の中でも、「僕は日本はすぐブラックアウトできるような仕掛けをつくっておいたんだよ」と言われているのに、それがやはり問題にならない。日本人は皆、映画を見て、「おもしろ～」と言って出てくると。ホントすごいですよね、日本人って（笑）。

小原　本当にそういった意味では、危機感がないと思います。

藤井　だから積極的に打って出る「勢力」均衡外交どころか、シャープパワーに基づくPDから日本の情報空間を守るという「専守防衛」すらできてないのが今の日本ですよね。その辺りの日本の現実について、どう思われますか？

桒原　2015年度から日本のPDは大幅な予算増額がなされました。当初は「ジャパン・ハウス」の創設を含め、新たなPDの体制を軌道に乗せるまで難しい側面も多かったと思いますが、先ほど紹介したように、今ではあらゆる取り組みがなされるようになりました。他方、国際情勢の変化に柔軟に対応しきれていないのではないかという懸念もあります。

シャープパワーの問題もそうですが、特に最近ではディスインフォメーション・キャンペーンといって、虚偽情報を流布させ相手国の世論を歪曲したり政府の政策決定過程に悪影響を与えたりするという介入も問題になっています。これらはすべて民主主義に対する脅威ともいえます。日本がこうした危機意識を持ち、状況分析を行い、その分析に基づき対策を講じるといった戦略性、即時性、柔軟性は、PDや戦略的コミュニケーションにとって不可欠です。

藤井　それに対してどう対策するかという議論にはなっていない、わけですね？

桒原　関係府省庁では徐々に認識されるようになってきているように思いますが、府省庁横断的な議論が可能になるまでには時間を要すると思います。たとえば、チャイナ・デイリー社が発行する折り込み広告「チャイナ・ウォッチ」は、アメリカのニューヨークタイムズやワシントンポスト等の主要紙に定期的に折り込まれていることで知られています。それは、あたかも新聞のような構成なのでニューヨークタイムズの紙面の一部に見えるのですが、実際は広告で、中身は政治、社会、経済、文化等のあらゆる分野での中国の考え方や主張を紹介するものとなっています。日本では、毎日新聞に入れられるようになりました。

また、ソーシャルメディアを介して、中国はディスインフォメーション・キャンペーンを各国に展開しているといわれています。これらの問題は、いずれも日本国内では十分に認識されているとは言い難い状況です。政府レベルでは、各々の関係府省庁で認識されていても、こうした問題への対策を指揮・統括する組織はなく、府省庁間の連携が実施されているわけではありません。

藤井　なるほど。たとえば、今おっしゃったようなチャイナ・ウォッチのようなものを収集する行政というのはないんですね。

桒原　なぜ日本をはじめ世界中で中国が世論工作や情報操作の活動を有利に進められるかといえば、民主主義国家特有の弱点が貢献している部分があるのではないかと考えます。権威主義国家は、公平な選挙や表現の自由、報道の自由を重んじる民主主義の制度に付け入る、といわれる所以です。

藤井　なるほど。そういう意味で、勢力均衡を保つのにはまず防衛が含まれているべきで、防衛だけではなくて、さらに外に打って出る必要もある。その両者が共に外に出ようとして初めて、均衡（equilibrium）という概念が達成されるんだと。というのが当方が雑誌「表現者クライテリオン」の編集委員らと一緒に建白書としてまとめた「令和八策」の提案なんですけど、ＰＤに関しては、外に打って出るどころか、この防衛の方も全くできていない、ということですね。

桒原　そうですね。

基礎研究から世論喚起、そして国会を通した行政展開を

小原　たぶん、日本が国際社会の中でどういう立ち姿であるべきだとか、そういった国家としての大きな目的についてのコンセンサスがとれておらず、そうした議論さえできていないのだと思います。ですから、今はとにかく何でも受け入れている状態で、個々の事象には対処しようとしますが、根本的な対策をしようという話にならないのだと思います。どうなりたいのかという最終的な目的がなければ、どこへ向かえばよいのかわからないのですから。

藤井　でもたとえば、先ほどおっしゃったチャイナ・デイリー社の取り組みというか工作を、桒原さんはかねてからご存知だったわけで、そして我々は、今、それを問題だと認識していますよね。だから、それは問題だという声は国内には少なくとも「一部」にはあるのは事実ですよね。

桒原　そうですね。たとえば、一般世論でいえば、中国の世論工作に警戒感を示しているネットユーザーも少なくありません。中国の影響力について日本は警戒感を持たなけ

ればならないのだという声もあります。ですが、そういう認識は一部です。

藤井 ちなみに、桒原さん自身は、毎日新聞の中国の工作について、どうやってお知りになったんですか？

桒原 近年、欧米を中心に中国の浸透工作について分析する動きが増大しています。その中で、「チャイナ・ウォッチ」の世界展開の様子についても紹介されているのです。特に日本は、外交・安全保障分野に関し、欧米の研究や指摘から脅威認識を得ることが多いように考えます。

藤井 さっきの僕のミトロヒンアーカイブスという英語の本で初めて知ったというのと一緒ですね（苦笑）。

桒原 アメリカを中心とした国際社会が、中国のシャープパワーやディスインフォメーション、そして浸透工作に警鐘を鳴らすと、日本もそれに注目し、その言葉の定義や理論から研究がなされていく、というパターンです。欧米と比較して海外の浸透工作の影響を受けにくいことに対して高を括り、無防備なのが日本なのかもしれません。

藤井 だから、そういう風潮を変えようということで、たとえばこのこういう話を出版するのもちろんそうですし、桒原さんが『WEDGE』で連載されているのもそうですよね。

ただ、そういう国内世論の喚起はまだまだ第一段階で、でもそういう議論を経て、やっぱり最後は、国策としてきちんとPD防衛、シャープパワー防衛を立ち上げる必要がありますよね。そのためにもたとえば、国会議員の皆さんとか、各政党の関係者に警鐘を鳴らしながら理解してもらって、最終的に国会で議論してもらって、行政の中で位置付けるとか法律をつくるとか、そういう取り組みが必要ですよね。

桒原　そうですね。

藤井　やっぱり国権の最高機関たる国会で議論した方針に行政はその事務を粛々と展開していくわけですから、まずはやはり国会でしっかりと議論してもらって、その事業内容をたとえば外務省でしっかり対応してもらっていく体制をつくる必要がありますね。

桒原　そうですよね。第二次安倍政権が発足し、PDを強化せよということで、従来予算に500億円を追加し、やっていくぞとなったんです。その背景の一部には、国会での議論もあったのです。自民党閣僚からも、中国や韓国が活発な反日ロビーをアメリカ等で展開しており、中国メディアの国際展開の状況や取り組み内容に警戒感を示す発言があった。これに日本も対応しなければならないという声が噴出したのです。やはり、ジャーナリズムや市民社会の議論を通じて、政府の意思決定につなげていくという努力は大切ですね。

藤井　ただし、現在の議論はアメリカにおける中国の工作に対応しようという話だとしても、先ほどの毎日新聞の問題などの国内におけるPD防衛、シャープパワー防衛の議論はまだ、行政でも国会でも話題にはなっていない、ということですね。

小原　そもそも、世論工作については、「防御的」なものと「攻撃的」なものがあるわけです。

防御的なものというのは、要は外国からのものに対して国内世論を守るということ。そして、攻撃的というのは対外的に自分たちの考えをどんどん発信していって、向こうに働きかけるもの。中国の攻撃的な工作については、先に何度も議論がありましたが、実は、防衛的な世論工作も中国はすごい。中国は、外界の情報を全てシャットアウトし、国内世論も統制しているわけです。

これも、桒原さんの論考から学んだことですが。

桒原　自らにとって都合の悪いものは伝えないということです。

アメリカの「対中国シャープパワー防衛」

藤井　なるほど。中国は防衛的工作もしっかりやっているということですが（笑）、アメリカでそれはどうなんでしょう？

桒原　トランプ政権が行ったのはあからさまな中国排除です。たとえば、ファーウェイ（華為技術）の問題等はその典型です。バイデン大統領では、トランプ政権による2019年の大統領令を延長し、安全保障上のリスクをもたらすと見なされる海外企業のファーウェイを含む通信機器を米企業が使用することを禁止しています。ファーウェイはアメリカでのロビー活動を活発化させていました。

小原　結果、ファーウェイはアメリカ議会に対するロビー活動の予算を減らすことになったようです。

桒原　また、最近、孔子学院がアメリカで閉鎖される事態となっています。孔子学院の教育には学問の自由がなく、プロパガンダ機関の要素があるのではないか。こういう脅威認識がアメリカ国内で共有されて、全米各地の孔子学院を閉鎖する動きが加速していきました。孔子学院は中国のPDの代表格の一つですが、これも排除されているのです。

藤井 ただ、たとえば、共産主義国家の中国であれば、完全に世論統制ができますから、防御的PDは非常にやりやすいんでしょうけど、アメリカや日本の自由資本主義国家の場合は、防衛的PDのための規制は、相対的に困難ですよね。そもそも商行為を自由に行うのが自由資本主義ですから、国籍によって、TV局活動という純然たる商行為を完璧に規制するというのは難しいですよね。たとえば日本じゃ、中国人の土地の売買を、安全保障の観点から規制することすらずっとできなかったわけですから。今でこそ法律が整備されて少しは状況は改善しましたが……。

小原 そうですね。ですから、商行為で自由に振る舞える部分と国がこれだけはちゃんと守るんだという部分は、やはり明確に分けるべきだと思います。たとえば、基地の建設でも、全て入札であれば、その入札のために、塀はこれだけの高さで、これだけの強度があって、監視カメラはこれだけ付けますといったようなことを情報公開しなければならなくなる。でもそれって、この基地はここに穴がありますよ、というように皆に教えることになります。

勢力拡大のための対外PDと自国防衛のための国内PR

藤井　ホントに問題です。ようやく去年、そういう点が問題視されて、防衛省でも入札の在り方を見直したりしていますが、それでも諸外国に比べるとまだまだ規制のかけ方が甘い。自衛隊基地の周辺の土地の売買についても、日本では、国会の議論がなかなか進まなかった。先ほど、世界状況が変わっているのに、外務省のPD行政に全然柔軟性がなく硬直化しているという話がありましたけれども、同じことが国会でも起こっている。世界で当たり前の規制を日本でもかけようという議論は国会でも起こってるんだけど、結局ああだこうだと理由を付けて進まない。

小原　しかし、アメリカでは、規制をかけなくても、政府が問題視するだけで自主規制をかけるようにもなっていく。たとえば、シンクタンクでの中国からの資金受け入れを、政府が怒って批判すると、シンクタンカーたちが、自主規制をかけて、中国からの資金受け入れをだんだん減らしていくという状況もありますね。

藤井 そう考えると、対外的な「パブリック・ディプロマシー」（ＰＤ）と同時に、国内に対する「パブリック・リレーション」（ＰＲ）も重要ですね。

桒原 そうですね。やはり二足歩行で行かなければならないですよね。

藤井 このＰＲによる適切な国内世論の形成ですが、これは何もウソも百回言えばホントになる、というようなゲッベルス的なことを言ってるわけではなく、客観的事実を周知することが重要だ、という話ですよね。特に日本では、安全保障のことを論ずること自体をタブー視する空気がありましたから、これが適切な世論形成を激しく妨げていますよね。昨今では幾分、そのこわばった空気も緩和したのかもしれませんが……。

小原 そうだと思います。第二次安倍政権が、日本周辺の安全保障環境が変わったことを指摘し、平和安全法制を２０１５年に成立させましたが、そのプロセスの中で、安全保障の話にも世論の目が少しずつ向き始めたのではないかと思います。

藤井 たとえば我々が一緒に出演する機会の多い大阪のＴＶ番組の「正義のミカタ」で

も、外交安全保障問題を取り上げることは多いですよね。たとえば、番組では、朝鮮半島が統一されれば、日本の対馬海峡が防衛ラインになる、というような議論を普通に取り上げていますが、そんな話は昭和時代なら、土曜の朝、普通にお茶の間に届けられるなんてことはなかったですよね。当時は、西部邁先生がいつも出てた真夜中の「朝まで生テレビ」くらいでした。とはいえ、まだまだ千里の道のまだ一歩ぐらい。世界は何十歩も何百歩も進んでますから、日本の一、二歩なんて全然足らない状況ですよね。

研究活性化を通したシャープパワー防衛力の強化を

小原　そうですよね。まぁ、その一つの理由が、これは実のところ社会科学に限らない話なのですけれど、若い安全保障研究者、つまり、これを研究する人たちを育てるシステム、あるいはその人たちが仕事に就く機会が少ない。そういった構造的な問題があるからではないかと思います。

藤井　あぁ、そうですね。

小原　ですから、安全保障でも、発信をしていく人たちというのは限られていますし、もっと広く議論するためには、いろんな発信ができる人がいた方がいいと。

藤井　たとえば、我が京都大学では、防衛研究はやってはいかんというお達しが回ってますからね。

桒原　研究者にとっては大きな課題となっていますね。

藤井　はい、そうなんです。ただ、抑止の構造を考えれば、軍事的な均衡を保つことこそが戦争を回避するわけですから、たとえば日本でも空母の可能性を考えることは、戦争回避のためにも必要なわけですよね。しかも、空母は地震の時に重要な役割を担いますから、強靭化の視点からも十分に研究対象として考えるべきものの一つです。だから僕は今、レジリエンス（強靱性）研究の一環として、空母を取り上げることを考えています。ちなみに桒原さんはＰＤの研究はどこで始められたのですか？

桒原　大阪大学大学院の国際公共政策研究科です。通称ＯＳＩＰＰ（＝Osaka School of International Public Policy）と言います。

ちょうど私が入学する直前は、安倍政権がＰＤ予算を倍増させ、対外発信力をまさに強化しようとしていた時期でした。この分野に関しては、日本の先行研究が少ない中、おそらくこれは今後の日本にとって大きな課題になるだろうと思って研究を始めたのです。まさか自分がこの分野でのキャリアを積むとは当時は思っていなかったのですが。他方で、こうした分野で、小原さんが先ほどおっしゃっていたように、日本では若手研究者が育ちにくいというのも課題かもしれません。

藤井 たとえば、栞原さんみたいな方が、今のところOSIPPの中にも、先輩、後輩とかおられるんですか。

栞原 博士号を取っても、日本では就職先の幅が広くなるわけではないと悩んでいる方は少なくなかったと記憶しております。

藤井 その先輩たちはPDの研究を？

栞原 いいえ、PDの研究は、私だけでした。

藤井 ちなみに、今回のPDの議論は、伝統的な軍事的安全保障問題と地続きに繋がってて、広く言えば、日本の安全の保障が今危機に晒されてて、そこを何とかしなければならないという意図に基づく研究ですよね。そういうスタンスの研究ってどれくらいあるものなんでしょう？

棄原　そういった意味では、いわゆる外交・安全保障分野の政策研究が大学で流行っているとは言い難く……。

藤井　流行ってない⁉

棄原　私の研究科は「国際公共政策」だったので当然政策研究は許されたのですが、一般に、大学の研究は政策提言をする場ではないため、政策研究は主流ではないと感じます。特にＰＤのように日本での歴史が浅い分野の研究は、資料や文献も限られているので大学院在籍中に研究するテーマとしては難しさもありました。国際政治学や比較政治学を専攻する学生が多く、ＯＳＩＰＰについていえば、たとえば平和構築やメディア研究、中東等の地域研究の……。

藤井　状況分析ですね。それはたしかに社会科学者たちが好きそうなネタですが、プラグマティズム（実践主義）的なテーマ選定じゃないわけですね。実践とは関係のない、何か昆虫とか、銀河のことを研究してるみたいなノリのテーマが多い、ということだ、ということかと思いますが、例えばそれは大阪大学以外に目を向けてもそういう状況は変わらないんですか。

小原　安全保障それだけで学科が立っている所っていうのはないと思いますけど、国際関係論、ＩＲ（＝International Relations）の中に安全保障を研究する教授がいらして、そういった教授が主催していらっしゃるセミナーなどでは、政策研究に近い議論が行われていると思います。ただ、大学の中でさえ、それがシステムとしてちゃんと確立していない。さらに、日本全体でいうと、安全保障に関する研究者のネットワークというのは枠組みとしてしっかり構築されていないですし。そういった意味では、政策研究は、これからもっと充実させなくてはいけないと思いますが、目を向けてもなかなか若い研究者がいらっしゃらない。最近の若い方は、それこそ現実主義的に将来を見ると、安全保障の研究者になっても食べていけないと思っているのではないかと。

桒原　そのため、学生時代に外交・安全保障の研究をしてきていたとしても、就職先として、民間の外資系コンサルや大手企業等を選択する学生は少なくないのです。

小原　リスクマネジメントなどに使うということになるんだと思いますけど。

藤井　今の日本の風潮では、未だ普通に若い人も含めて、何となく暮らせてるからなんでしょうね。皆別に、日本のことなんて考えなくても、うまくいくだろうと思ってるんでしょう。

小原　それは、日本が戦後目指してきたものだと思いますので、何も考えなくても幸せに暮らせる社会という意味では成功したんだと思いますが、やはり外的な環境が変わってくると、いつまでもそのままではいられない。今、その変化の中にあるのではないかと。

文系軽視の中、外国の世論工作で日本が滅びる

藤井　確実に貧困が広がっていますし、このまま進めば、さらに深刻化して、格差社会が広がっていく。普通に何も考えずに生きていけるという時代は終わりつつある。安全保障を考えなかったツケが確実に回ってきてる。

実際、このまま防御的ＰＤが全然進まなければ、どんどん日本の様々なものが外国資本に買収されていくということになるでしょう。そうなると、外国人資本家たちは、日

本人を相手に商売をして、安い賃金しか日本人に払わないまま、膨大な利益を得て、それを全て外国に持ち出していく、ということが、これからますます行われていくでしょう。これは、グローバル化した資本主義社会の典型的な展開なんです。そうやって経済的に我々は広い意味での、新植民地のような状況になっていくわけです。

で、そういう新植民地状況下で、日本人が搾取されているという構図を隠蔽し、むしろ、そういう状況があるからこそ、外国人企業のお陰で私たちは仕事をもらえているんだし、良い技術が外国から入ってきて、日本人の消費も豊かになってるんだというように、日本人が勘違いするように、外国の資本主義国家勢力からのＰＤが展開されていくでしょう。政治家に工作を仕掛け、テレビ局、新聞社に工作をかけてくる。で、そんなＰＤによって世論が作り上げられ、経済的な外国勢力の侵略が、日本人たちに気付かれないままに円滑に進められていく。

実を言うと、今の日本は事実上、かなりこういう状態に陥りつつある。鴻海（ホンハイ）のシャープ買収はその典型です。今ここで、防衛的ＰＤを真剣に考えなければ、21世紀のグローバル化社会の中で日本は経済的にますます侵略されていき、貧困社会化、隷属社会化はますます深刻になっていく。おそらく「今のまま」だと、僕が生きている間にそういう酷い社会になることはほぼ一〇〇％間違いない。にもかかわらず、桒原さんのような稀有な例外を除くと、こういう問題を考える若い研究者は出てこない。社会の方もそういう研究が必要だからオカネを出そう、というふうにもなってないし、そうなれば、学生たちも、自分の就職を優先して、カネにならない安全保障、国防問題なんて誰もやろうとはしなくなる。

桒原　たとえば日本のシンクタンクの活動は、予算面での制約等もあり、縮小傾向にあると言わざるを得ない状況です。特に、人材育成は進んでおらず、「経験者のみ採用」とか「中途採用、新卒採用は行っておりません」という組織は多いのです。

藤井　デフレの弊害ですね。

桒原　はい。しかしそれでは、日本では若手の研究者は育ちません。外交・安全保障の研究も発展しにくくなり、将来的には、国際的な発信力や日本の研究能力のプレゼンスが減少してしまう可能性があります。また、現在、日本の大学の文系学部は縮小傾向にありますね。

藤井　されてます。文系はなくてもいいって言う輩《やから》が、政府与党には多いですから。実際に、学科が取り壊されたり、定員を削減したり、ホントに今の文系に対する大学行政の仕打ちは酷い。

萊原　そうした動きもあり、やはり文系では就職も難しいのかと、学生の皆さんがマイナス思考に陥りやすい時代がやってきているように思います。

小原　外交分野でも、膨大なデータ、情報を活用するＡＩ等の可能性もありますから、文理融合は大切だとは思いますが……。

藤井　ただ、そういうものをやろうとしても、その研究の方針を考えたり、何に使うかを考えたりするのはやはり、理系というよりむしろ、文系だ、という側面もありそうですよね。

小原　そうですね。

藤井　だから、文系をないがしろにする国家は滅びる以外に道はないですよね（笑）。シンクタンクを縮小させてるなんて、今日本は本当に、滅びる道まっしぐら。

萊原　外交・安全保障分野の研究は、日本のＰＤ、発信力やプレゼンスを高めていく上でも、極めて重要な局面にあると考えています。

日本を守る勢いと力

藤井 世界では、まさに中国が拡大してきて、アメリカにまで手を突っ込みだして。で、まさにアメリカ国内の世論における情報戦争が始まろうとしている。その世界の大きな渦の中心である中国の真横にいる日本がボケッとしてると、飲み込まれて終わる以外の道はないでしょうね。

小原 ただ、日本政府はアメリカのシンクタンクにはお金をつけます。

藤井 へぇ。

小原 アメリカのシンクタンクにいた私の友人が、また別のアメリカのシンクタンクに移籍してジャパンチェアというポストで働くことになったんですが、その彼が「日本の政府がお金を大量につけてくれたからできた。日本のおかげだ」と言っていました。

藤井 なんか歪んでますね（苦笑）。まさに、我々の令和八策の中に、「統治性の回復」

というのがあるんですけど、統治が破壊されてるんですよね。それこそ、硬直化するっていうのは統治が効いていないことであって、外務省の業務が硬直するのも統治が効いていないからで、日本のシンクタンクが潰れていくのに、海外のシンクタンクには山ほどお金をつけるというのも、適正な統治が効いていないからでしょう。

ＰＤの議論が進まないのも、外国人による土地買収規制が進まないのも、全て「べき論」を実現する力、これが統治というものの本質ですから、そのべき論、あるいは正義、善、そういったものを実現する力が急速に失われてるんですよね。それでは日本から「勢い」と「力」が蒸発します。

桒原　そうですね。

小原　だから、どうやって我々がその「勢い」と「力」をつけていくのかということが今、本当に必要なんでしょうね。

藤井　そうですね。そんな勢いと力をつけていくのも、まずはこの座談会から、でしょうか（笑）。こういう議論を一人でも多くの国民の皆さんに触れていっていただいて、国会での議論や行政展開にもつなげていってもらいたい。そもそも防衛というのは、何も戦車を買ったり、空母を買ったりするだけではなくて、情報戦争も重大な戦線になっているんだという認識を、今回を機に国内でもしっかり深めてもらいたいですね。

日本を喰う中国

「蝕む国」から身を守るための抗中論

2021年12月25日　初版発行

著者　藤井　聡

発行者　横内正昭
編集人　内田克弥
発行所　株式会社ワニブックス
〒150-8482
東京都渋谷区恵比寿4-4-9えびす大黑ビル
電話　03-5449-2711（代表）
　　　03-5449-2734（編集部）

装丁　志村佳彦
フォーマット　橘田浩志（アティック）
校正　東京出版サービスセンター
編集　大井隆義（ワニブックス）

印刷所　凸版印刷株式会社
DTP　株式会社 三協美術
製本所　ナショナル製本

ISBN 978-4-8470-6666-5
ワニブックスHP　http://www.wani.co.jp/
WANI BOOKOUT　http://www.wanibookout.com/
WANI BOOKS NewsCrunch　https://wanibooks-newscrunch.com/

藤井　聡（ふじい さとし）
1968年生まれ。京都大学大学院工学研究科教授（都市社会工学専攻）。京都大学工学部卒、同大学院修了後、同大学助教授、イエテボリ大学心理学科研究員、東京工業大学助教授、教授等を経て、2009年より現職。また、11年より京都大学レジリエンス実践ユニット長、12年より18年まで安倍内閣・内閣官房参与（防災減災ニューディール担当）、18年よりカールスタッド大学客員教授、ならびに『表現者クライテリオン』編集長。文部科学大臣表彰、日本学術振興会賞等、受賞多数。専門は公共政策論。著書に『「自粛」と「緊縮」で日本は自滅する 菅総理への直言』（ビジネス社）、『令和版 公共事業が日本を救う「コロナ禍」を乗り越えるために』（扶桑社BOOKS）、『感染列島強靭化論』（共著、晶文社）など多数。